パーソナリティ心理学のための統計学

構造方程式モデリング

尾崎幸謙
荘島宏二郎

心理学のための統計学 6

誠信書房

シリーズまえがき

◆ ラインアップ

「心理学のための統計学」シリーズは，心理学において必要な統計手法を広くカバーするべく用意いたしました。現在のところ，本シリーズは，以下のようなラインアップとなっています。

巻号	タイトル	主な内容
第1巻	心理学のための統計学入門 ── ココロのデータ分析	記述統計量・相関係数・正規分布・統計的仮説検定・z検定
第2巻	実験心理学のための統計学 ── t検定と分散分析	t検定・一要因分散分析・二要因分散分析
第3巻	社会心理学のための統計学 ── 心理尺度の構成と分析	因子分析・重回帰分析・階層的重回帰分析・共分散分析・媒介分析
第4巻	教育心理学のための統計学 ── テストでココロをはかる	信頼性係数・項目反応理論・マルチレベル分析・適性処遇交互作用
第5巻	臨床心理学のための統計学 ── 心理臨床のデータ分析	メタ分析・例数設計・検定力分析・ROC曲線
第6巻	パーソナリティ心理学のための統計学 ── 構造方程式モデリング	確認的因子分析・パス解析・構造方程式モデリング（共分散構造分析）・信頼性・妥当性
第7巻	発達心理学のための統計学 ── 縦断データの分析	縦断データ解析・欠測データ・潜在成長モデル
第8巻	消費者心理学のための統計学 ── 市場調査と新商品開発	クラスター分析・コレスポンデンス分析・ロジスティック回帰分析
第9巻	犯罪心理学のための統計学 ── 犯人のココロをさぐる	多次元尺度法・決定木・ナイーブベイズ・ブートストラップ・数量化理論・生存時間分析・地理空間分析

◆ コンセプト

各巻は，個別心理学のストーリーに寄り添いながら，統計手法を勉強するつくりになっています。たとえば，『社会心理学のための統計学』では，「態度」や「対人認知」など社会心理学における重要な概念を学びつつ，統計手法を抱き合わせで解説しています。

効率性を重視したならば，これほどの巻数を必要とせずに少ない巻数で統計学を学習することができるでしょう。しかし，**本シリーズは，個別心理学のストーリーを最優先にして，個別心理学の文脈の中で統計学を学ぶ**というスタンスをとっています。心理の学生には，このようなコンセプトのほうが学習効果が高いと願ってのことです。

ただし，各巻は，個別心理学でよく用いられる統計手法を優先的に取り上げていますが，たとえば『社会心理学の統計学』を学べば，社会心理学に必要な統計手法がすべて網羅されているわけではありません。統計手法は，各巻でなるべく重複しないように配置しています。また，巻号が後ろになるほど高度な内容になっています。したがって，意欲的な読者は，自分の専門でない心理学分野で頻用される統計手法についても学習を進めることをお勧めします。

◆読者層

おおむね第1～5巻は学部生を対象に，第6巻以降は大学院生を対象と考えています。

◆構成

各巻は，おおむね7章構成となっており，各章はおよそ授業1コマで教える内容量となっています。つまり，2巻で半期（半年）の分量となっています。

◆伴走サイト

以下に，URLで伴走サイト（accompanying site）を用意しています。ここには，本書で用いたデータ，分析のためのソフトウェアプログラム，授業のパワーポイント教材（教員向け），Quizの解答などが置いてあります。どうぞご自由にお使いください。
http://www.rd.dnc.ac.jp/~shojima/psychometrics/

◆恩師へ

大学院時代，僕は，構造方程式モデリングの第一人者である早稲田大学の豊田秀樹先生に出会い，自分の研究者としての基礎が与えられ，方向性が定まりました。興奮の中，あっという間に駆け抜けた大学院時代をいま思い返しています。格別の感謝と尊敬の念をここに表します。あと，いろいろすみませんでした。

◆最後に

本シリーズが皆さまの学習を促進し，よりよい成果を導くことを願っています。また，本シリーズを上梓するうえで，誠信書房の松山由理子様と中澤美穂様に多大なお世話になりました。この場をもちまして厚くお礼申し上げます。

2014年8月

シリーズ編者　荘島 宏二郎

まえがき

◆ 本書の説明

　本書は，構造方程式モデリングあるいは共分散構造分析（以下では SEM と略記します）と呼ばれる統計手法に関する本です。回帰分析と因子分析については理解している大学院生を対象として書きました。SEM に関する書籍はたくさんありますが，本書は3つ特色を持っています。

　1つめは，心理学上の問題に絡めながらさまざまな統計モデルについて説明していることです。これはシリーズ全体の特色でもあります。本書では，SEM がよく使われるパーソナリティ心理学の題材を使いました。

　2つめは，SEM の考え方を伝えることに力点を置いたことです。SEM に関する本は，ソフトウェアを中心とした解説本と，数理的な側面を説明するものにほぼ二分されています。本書はそれらのどちらでもありません。SEM のソフトウェアを使って分析をすると，さまざまなアウトプットが求まります。レポートや論文を書くためには，それらのなかから，必要な結果を取り出して，適切に解釈する力が必要です。必要な結果が何であるかは，ソフトウェアを中心とした解説本に書かれています。しかし，それらの結果を報告しなければいけない理由を説明した本はあまりありません。また，適切に解釈するためには，SEM の用語に関する表面的な理解では不十分であり，考え方を深く理解する必要があります。SEM を使ったことのある人は，たとえば，適合度と決定係数の違いを踏まえて解釈していたでしょうか。

　3つめは，これもシリーズ全体の特色ですが，数式をできる限り使わないことです。数式ではなく，ことばと図表を使って，イメージで伝えるよう意図して書きました。数式はあまり登場しないものの，本書は簡単に読むことができる本ではないと思います。しかし，何度も読めば理解できる本でもあります。Quiz を解きながら理解を深め，ぜひ SEM の考え方を体得してほしいと願っています。

　本書で説明している回帰分析や因子分析については，本シリーズ第3巻『社会心理学のための統計学』でも扱っています。別の著者による同じ手法の説明を読むことは，回帰分析や因子分析について知識がある場合でも，理解を深めるために有効でしょう。また，SEM は，本シリーズ第4巻『教育心理学のための統計学』や第7巻『発達心理学のための統計学』で扱っている内容とも密接な関係があります。これらを読むことで，SEM に関する理解もより深まると思います。

　SEM で分析を行うために必要なスキルは，SEM の理解とソフトウェアの習得です。本書は前者に力点を置いており，ソフトウェアが必要な Quiz が含まれているものの，操作などに関する説明は全くありません。AMOS, R, Mplus など有名なソフトウェアについてはわかりや

すい解説書がありますので，ぜひそちらをご覧ください。

◆謝辞

　大学院時代の恩師である早稲田大学の豊田秀樹先生には，SEM の理論面について，厳しくも温かいご指導をいただきました。また，ポスドク時代の恩師である慶應義塾大学の安藤寿康先生には，行動遺伝学の研究を通して，研究者としての視野を広げる機会を与えていただきました。お二人の先生方のご指導なくして，本書を執筆することはできませんでした。

　最後に，本書の執筆にあたり，千葉大学社会精神保健教育研究センターの田中麻未先生には，第 1・5・6 章に登場する分析例の共分散行列を快くご提供いただきました。また，立教女学院短期大学現代コミュニケーション学科の佐々木掌子先生には，第 4 章の内容に関して数々の貴重なコメントをいただきました。最後に，お茶の水女子大学人間発達科学専攻の大学院生の皆さんには，草稿段階の原稿に対して多くの有益なコメントをいただきました。ここに謝意を表します。

2014 年 8 月

第 1 著者　　尾崎 幸謙

目　次

シリーズまえがき……*iii*
まえがき……*v*

第1章　特性論 ── 確認的因子分析　　1

1.1 類型論と特性論……1
　　1.1.1　類型論　*1*　　1.1.2　特性論　*1*
1.2 パーソナリティ変数の扱い方……2
1.3 ビッグファイブ……3
　　1.3.1　bfi とは　*3*　　1.3.2　5項目の内容　*3*
　　1.3.3　項目間の相関と構成概念　*4*　　1.3.4　構成概念と因子分析　*5*
1.4 因子分析とは……5
　　1.4.1　因子分析と回帰分析のパス図　*5*　　1.4.2　誤差変数の内訳　*7*
　　1.4.3　因子負荷量と因子間相関　*8*　　1.4.4　共通性と独自性と因子得点　*8*
1.5 因子分析を回帰分析としてとらえる……9
　　1.5.1　単回帰分析　*9*　　1.5.2　重回帰分析　*11*
　　1.5.3　因子分析と回帰分析の異同　*12*
1.6 統計モデルの考え方……12
1.7 1因子の確認的因子分析……13
　　1.7.1　母数　*13*　　1.7.2　共分散行列と共分散構造　*14*
　　1.7.3　母数推定の実際　*16*

Quiz……**18**

第2章 性格の構造を把握する —— 適合度・自由度　19

- **2.1** 1因子2変数の確認的因子分析モデル …… 19
  - 2.1.1 母数推定　19　　2.1.2 自由度と飽和モデル　20
- **2.2** 1因子4変数の確認的因子分析モデル …… 21
  - 2.2.1 最小2乗法　22
- **2.3** 連立方程式と統計モデルの関係 …… 24
- **2.4** 適合度 …… 25
  - 2.4.1 残差行列　25　　2.4.2 適合度指標　26
- **2.5** 2因子モデルとの比較 …… 27
- **2.6** 残差の利用 …… 28
  - 2.6.1 モデル改善　28　　2.6.2 誤差間共分散の意味　29　　2.6.3 まとめ　30
- **2.7** 倹約的指標 …… 30
- **2.8** 多因子の確認的因子分析 …… 31
  - 2.8.1 多因子モデルの適合度　32　　2.8.2 逆転項目と因子負荷量　32
- **2.9** 標準化パス係数 …… 34
  - 2.9.1 因子負荷量とパス係数　34　　2.9.2 変数の単位とパス係数　35
  - 2.9.3 標準化パス係数とパス係数　36　　2.9.4 非標準化パス係数　37
- **2.10** 因子得点（因子の特性）…… 37
  - 2.10.1 因子得点と合計得点　38　　2.10.2 類型論と因子分析　39
- Quiz …… 41

第3章 知能の構造を探る —— 高次因子分析と復習　42

- **3.1** 知能と因子分析 …… 42
- **3.2** 高次因子分析 …… 43
- **3.3** 標準化推定値（復習）…… 45

3.4　2次因子分析モデルの適合度（1次因子が4つの場合）……46

3.4.1　χ^2 検定　46　　3.4.2　BIC と AIC　47

3.5　識別の方法……48

3.5.1　「1に固定する」の意味　48　　3.5.2　内生的な因子と外生的な因子の識別　49

3.6　1次因子が3つの場合……50

3.6.1　自由度と適合度の関係　50

3.7　1次因子が2つの場合……52

3.7.1　識別と等値制約　52

3.8　確認的因子分析と2次因子分析のまとめ……54

3.9　ビッグファイブ5因子間の関係……55

Quiz……57

第4章　測定道具の性能 ── 信頼性と妥当性　58

4.1　良い尺度とは……58
4.2　信頼性とは……59

4.2.1　測定値　59　　4.2.2　測定値の分散　60　　4.2.3　信頼性の定義　60

4.3　信頼性＝観測変数（測定値）どうしの相関係数……61
4.4　各種の信頼性……62

4.4.1　再検査信頼性　62　　4.4.2　平行検査信頼性　63　　4.4.3　折半信頼性　63

4.5　α係数……64

4.5.1　内的整合性　64

4.6　ω係数……65
4.7　実際の知能検査のα係数とω係数……67
4.8　妥当性……67
4.9　統合的な妥当性概念……68
4.10　ジェンダー・アイデンティティ尺度の妥当性……71

4.10.1　尺度の概略　71　　4.10.2　妥当性の検証　71

Quiz……76

第5章 抑うつを説明する —— 単回帰分析・重回帰分析・パス解析と標準誤差　77

5.1　単回帰分析 …… 78
 5.1.1　単回帰モデルのパス図　78　　5.1.2　母数の推定　79

5.2　重回帰分析 …… 80
 5.2.1　重回帰モデルのパス図　80　　5.2.2　母数の推定と共分散　80
 5.2.3　パス係数の解釈　81

5.3　標準誤差の考え方 …… 82

5.4　標準誤差を用いた有意性検定とその具体例 …… 84

5.5　パス解析モデル（3変数：その1）…… 85
 5.5.1　パス図の表す意味　86　　5.5.2　直接効果の解釈　86
 5.5.3　重回帰モデルとパス解析モデル　88

5.6　パス解析モデル（3変数：その2）…… 88

Quiz …… 90

第6章 抑うつの規定要因を理解する —— 因子間のパス解析　91

6.1　因子を用いる理由 …… 91
 6.1.1　誤差の除外　91　　6.1.2　希薄化の修正　92　　6.1.3　適合度による判断　92

6.2　因子間の重回帰モデル …… 93
 6.2.1　希薄化の修正　93

6.3　適合度が求まる理由 …… 95

6.4　因子間のパス解析モデル …… 96
 6.4.1　パス図とモデルの解釈　96　　6.4.2　決定係数の分解　97
 6.4.3　パス係数の解釈　98

6.5　調整変数としてのパーソナリティ —— 多母集団分析 …… 99
 6.5.1　調整変数とは　99　　6.5.2　多母集団分析と等値制約　100
 6.5.3　適合度　101

Quiz …… 105

第7章 遺伝と環境 ── 行動遺伝学・多母集団分析　106

- **7.1** 遺伝と環境の影響とは何か …… 106
- **7.2** 個人差の分解 …… 107
- **7.3** 双生児データの使用 …… 108
  - 7.3.1 観測対象の単位　108
  - 7.3.2 双生児ペア間の共分散（相関係数）　109
- **7.4** 遺伝・共有環境・非共有環境 …… 110
  - 7.4.1 遺伝と共有環境　110
  - 7.4.2 非共有環境　111
  - 7.4.3 遺伝環境相関　112
  - 7.4.4 相加的遺伝と非相加的遺伝　113
- **7.5** パーソナリティに対する相加的遺伝・共有環境・非共有環境の影響 …… 113
- **7.6** SEMによる単変量モデルの分析 …… 114
- **7.7** SEMによる単変量モデルの分析の具体例 …… 117
  - 7.7.1 内在化問題　117
  - 7.7.2 SEMによる分析の実際　117
- **7.8** その他のモデル …… 118

Quiz …… 121

付　録

各章のQuizの解答 …… 122

索引 …… 124

第1章 特性論 —— 確認的因子分析

1.1 類型論と特性論

　就職面接でよく尋ねられることのひとつに「あなたはどんな人ですか」という質問があります。尋ねられた人は、「私は社交的な人間です」「私は協調的な人間です」など、ポジティブな印象を面接担当者に与えようとするでしょう。このとき、「社交的」や「協調的」という言葉は、「社交的なタイプ」や「協調的なタイプ」という意味で使っていると考えられます。つまり、人間にはいくつかのタイプ（類型）があり、自分はその中から選ぶとすると社交的なタイプです、というわけです。

　しかし、「私は社交的な人間です」と言われて、面接担当者はどう思うでしょうか。「この人はどの程度社交的なのだろうか。もしかしたら、社交性が低いかもしれない」と思うかもしれません。そして、「では、何かエピソードがありますか」など、社交性を試すような質問を次に投げかけるかもしれません。あるいは、前に面接した人と比べてどちらが社交的なのだろうか、と思うかもしれません。つまり、このとき面接担当者は、社交性を"タイプ"ではなく"程度"としてとらえているのです。

　心理学では、上のような2つの考え方を整理して考えています。前者を「類型論」、後者を「特性論」といいます。

1.1.1 類型論

　類型論として有名な理論に、**クレッチマーの気質類型**（分裂気質、躁うつ気質、粘着気質）や**ユングのタイプ論**（外向性と内向性）などがあります。類型論は、人間を少数のタイプに分類する、とてもわかりやすいものです。しかし一方で、人間のパーソナリティは少数のタイプに分類できるほど単純ではありません。社交性にも程度があるはずです。だからこそ、面接担当者はそれを探るわけです。

1.1.2 特性論

　そこで特性論が登場します。特性論は、パーソナリティの違いは個人のもっている社交性や

協調性などの程度に表れる，とする考え方です。後述するように，パーソナリティには5つの次元（要素）があると考える**ビッグファイブ理論**（神経質傾向 N，外向性 E，開放性 O，調和性 A，誠実性 C の5つ）が，特性論の中でも主流の考え方となっています。ビッグファイブ理論は，各個人の性格特性を数値で表現します。神経質傾向は 52 点，外向性は 63 点，のようにです。これは，たとえばプロ野球選手が打率 3 割 1 分，ホームラン 10 本，のようにプロフィールをもっていて，それが各選手の個性になっていることをイメージすればよいでしょう。

ビッグファイブ理論では，各個人の5つの特性 N，E，O，A，C について，それぞれ数値を割り当てていきます。これは，各個人を 5 次元空間内のどこかに位置づけることと同じです。ちょっと 39 ページの図 2-11 を見てください。これは，各個人の A と N の 2 つの特性について，2 次元空間（平面）の中で各個人の特徴の違いを表現しています。5 次元の世界は図示することができませんが，一人ひとり 5 個ずつの値を割り当てて，各個人の特徴を表現するということは，5 次元空間を用意して，各個人の違いを表現することになります。

特性論で最も基本的な理論は，**アイゼンクの 3 因子モデル**（外向性，神経質，精神病質）です。アイゼンクのモデルが基本となるのは，どのような理論においても「外向性」「神経質」に関連する次元が含まれているからです。ほかにも，**クロニンジャーの 7 因子モデル**では，遺伝的な影響が強いとされる気質の 4 次元（新奇性追求，損害回避，報酬依存，固執）と，相対的に環境の影響が強いとされる性格の 3 次元（自己志向，協調，自己超越）から，パーソナリティをとらえています。また，これらの特性論で提唱されているモデルは，本章で説明する因子分析[*1]によって導かれたという特徴ももっています。

本書では心理学で主流となっている特性論の立場から，基本的には因子分析によってパーソナリティをとらえていきます。

1.2 パーソナリティ変数の扱い方

心理学の研究では，各個人のパーソナリティがわかった時点でおしまい，というわけではありません。心理学ではパーソナリティを，独立変数や従属変数として扱います。**独立変数**として扱うのは，パーソナリティが原因となって別の従属変数に影響を与えることが想定できるときです。たとえば，「知能（これをパーソナリティとして考えます）が，学業成績に影響を与えるのだろうか」という問いが考えられます。次に，**従属変数**として扱うのは，各個人のパーソナリティの原因が別の独立変数にあるときです。たとえば，行動遺伝学の方法を使うと，パーソナリティに遺伝と環境がどの程度ずつ影響を与えているのかわかります。

本書の第 5・6 章ではパーソナリティを独立変数として扱い[*2]，第 7 章ではパーソナリティを従属変数として扱います。それに先立ち，第 1～4 章では，つかみどころのないパーソナリ

---

*1 ただし，本書で主として説明する確認的因子分析とともに，探索的因子分析が使われています。
*2 第 6 章では調整変数としての扱い方についても説明します。

1.3 ビッグファイブ

ティというものをどのように測定すればよいのか，そこに焦点を当てていきましょう。

先に述べたとおり，ビッグファイブ理論はパーソナリティを，神経質傾向 N，外向性 E，開放性 O，調和性 A，誠実性 C の，5つでとらえる特性論です。はじめ，チュープスやゴールドバーグらが5因子でパーソナリティを説明できることを示してきました。のちに，コスタとマクレー（1992）がビッグファイブを測定するための尺度として **NEO-PI-R（ネオ・ピー・アイ・アール）** を開発しました。そして，驚くべきことに，これら5因子は文化や民族の違いを超えて普遍的である，と報告されました。また，心理学研究で，これら5因子を独立変数として別の変数を説明するのに頻繁に使われました。こうした経緯により，ビッグファイブ理論は特性論の中では最も有名です。

1.3.1 bfi とは

本節ではビッグファイブのデータとして，統計ソフトウェア R のパッケージ psych に含まれる **bfi（Big Five Inventory）** を使います。bfi には 25 変数（各5因子それぞれが5変数で測定される）のほかに，性別，学歴，年齢が含まれています。bfi は，Synthetic Apeture Personality Assessment（SAPA）というプロジェクトで測定されたデータです。ビッグファイブを測定する尺度にはさまざまなものがありますが，bfi は，International Personality Item Pool（Goldberg, 1999）というパーソナリティ測定項目の集まりから選ばれたものです。

1.3.2 5項目の内容

それでは，各5次元の項目内容を詳しく見ていきましょう。表1-1は，各5次元の内容を示したものです。A は「優しさや利他性」，C は「秩序や達成追求」，E は「社会性」，N は「不安や抑うつ」，O は「創造性や知性」を尋ねる項目で構成されています。しかしよく

表1-1 ビッグファイブの項目内容

A1	他人に関心がない
A2	他人の健康のことを尋ねる
A3	どうやって他人を慰めればよいのか知りたい
A4	子ども好きである
A5	人々を安心させる
C1	自分の仕事には厳しい考えをもっている
C2	全てが完全になるまで物事を続ける
C3	計画に沿って物事を行う
C4	物事を中途半端に行う
C5	自分の時間を無駄にする
E1	あまりしゃべらない
E2	他人と接することが難しいと感じる
E3	どうしたら他人の気持ちをつかむことができるのか知りたい
E4	簡単に友達を作ることができる
E5	リーダーシップを発揮する
N1	怒りっぽい
N2	いらいらしやすい
N3	気分が頻繁に変化する
N4	よく落ち込む
N5	パニックになりやすい
O1	アイデアを豊富にもっている
O2	難しい読み物を避ける
O3	会話を高度に展開する
O4	物事をじっくり考えることに時間を費やす
O5	話題について深く調べることはない

見てみると，たとえば A1 は否定形ですが，A2 は A1 と同じような内容を尋ねています。A は調和性ですから，A2 にポジティブな回答をするほど調和性は高いと判断されますが，A1 にポジティブな回答をするほど調和性は低いと判断されます。

このように，測定したい性質と逆の性質のことを尋ねる項目を，**逆転項目**と呼びます。正の方向の項目内容にしづらいときや，1 つ 1 つの項目内容をよく読んで回答してもらうことで質の高いデータを得たいときに，逆転項目を含めることがあります。

1.3.3 項目間の相関と構成概念

bfi に含まれる C，E，N の 15 変数間の相関行列を，表 1-2 に示しました。相関行列には変数名が交わるところに，それら変数間の相関係数が入っています。たとえば C1 と C2 の相関は 0.43 なので，中程度の正の相関があります。また，C4 は逆転項目なので，C1 と C4 は -0.35 と中程度の負の相関をもっています。なぜなら，C1 にポジティブな回答をするほど，C4 にネガティブな回答をするからです。

この相関行列を眺めると，C に含まれる変数内の相関は相対的にいずれも高く，E と N についても同様です。一方，C と E，C と N，E と N の間の相関は，例外はあるものの相対的に低いことがわかります。相関が高いということは，たとえば C1 にポジティブな回答をする人は C2 にもポジティブな回答をするわけですから，C1 と C2 の両方に影響を与える上位の概念を考えることができます。これを**構成概念**と呼び，ここでは「誠実性 C」が該当します。誠実性が高ければ，C1，C2，C3 にポジティブな回答をし，逆に C4，C5 にはネガティブな回答をする傾向があるでしょう。その結果，表 1-2 のような相関が生まれていると考えるのです。

表 1-2 誠実性 C，外向性 E，神経質傾向 N の相関行列

	C1	C2	C3	C4	C5	E1	E2	E3	E4	E5	N1	N2	N3	N4	N5
C1	1	0.43	0.32	-0.35	-0.25	-0.03	-0.1	0.13	0.14	0.26	-0.06	-0.03	-0.01	-0.09	-0.05
C2	0.43	1	0.36	-0.38	-0.3	0.02	-0.07	0.15	0.12	0.25	-0.02	0	0.01	-0.04	0.05
C3	0.32	0.36	1	-0.35	-0.35	-0.02	-0.09	0.1	0.1	0.22	-0.08	-0.06	-0.07	-0.13	-0.04
C4	-0.35	-0.38	-0.35	1	0.48	0.1	0.21	-0.09	-0.12	-0.23	0.21	0.15	0.2	0.28	0.21
C5	-0.25	-0.3	-0.35	0.48	1	0.07	0.26	-0.17	-0.21	-0.24	0.21	0.24	0.23	0.35	0.18
E1	-0.03	0.02	-0.02	0.1	0.07	1	0.47	-0.33	-0.42	-0.31	0.01	0.01	0.05	0.23	0.04
E2	-0.1	-0.07	-0.09	0.21	0.26	0.47	1	-0.4	-0.52	-0.39	0.17	0.2	0.19	0.35	0.26
E3	0.13	0.15	0.1	-0.09	-0.17	-0.33	-0.4	1	0.43	0.4	-0.04	-0.06	-0.01	-0.15	-0.09
E4	0.14	0.12	0.1	-0.12	-0.21	-0.42	-0.52	0.43	1	0.33	-0.14	-0.15	-0.13	-0.31	-0.09
E5	0.26	0.25	0.22	-0.23	-0.24	-0.31	-0.39	0.4	0.33	1	0.04	0.05	-0.06	-0.21	-0.14
N1	-0.06	-0.02	-0.08	0.21	0.21	0.01	0.17	-0.04	-0.14	0.04	1	0.71	0.57	0.41	0.38
N2	-0.03	0	-0.06	0.15	0.24	0.01	0.2	-0.06	-0.15	0.05	0.71	1	0.55	0.39	0.35
N3	-0.01	0.01	-0.07	0.2	0.23	0.05	0.19	-0.01	-0.13	-0.06	0.57	0.55	1	0.52	0.43
N4	-0.09	-0.04	-0.13	0.28	0.35	0.23	0.35	-0.15	-0.31	-0.21	0.41	0.39	0.52	1	0.4
N5	-0.05	0.05	-0.04	0.21	0.18	0.04	0.26	-0.09	-0.09	-0.14	0.38	0.35	0.43	0.4	1

中程度の相関の原因は，C1〜C5 が誠実性を表しているから。

1.3.4 構成概念と因子分析

構成概念とは，直接観測することはできないけれども，それを定義することにより，観測された現象をうまく説明できるようになる事柄です。表1-2の例でいえば，C1〜C5までの相関行列（観測された現象）を，「誠実性」という1つの概念でまとめ上げていることを指します。そして，構成概念をとらえることを目的とした統計手法が，因子分析なのです。

因子分析は，変数間の相関行列から，複数の変数の背後にいくつの構成概念（因子）を想定することができるのかを調べるための手法です。先に述べたような，特性論に沿ったパーソナリティモデルは因子分析によって導かれたものであり，ビッグファイブも同様です。

1.4 因子分析とは

因子分析には，じつは大きく分けて2つの種類があります。1つめは探索的因子分析で，「因子分析」といった場合，普通はこちらを指します。探索的因子分析は，R，SAS，SPSSなど，さまざまな統計ソフトウェアで分析を行うことができます。

そして2つめが確認的因子分析です。こちらは，本書で説明する共分散構造分析・構造方程式モデリング（Structural Equation Modeling：以降はSEMと略記します）の枠組みで実行される因子分析ですから，SEMのソフトウェアであれば実行することができます。本書では，この確認的因子分析について詳しく説明していきます。なお，探索的因子分析については，本シリーズ第3巻『社会心理学のための統計学』をご覧ください。

さて，探索的・確認的のいずれにせよ，因子分析とはどのようなものなのでしょうか。先ほど，変数間の相関行列から，構成概念としての因子を導き出す方法と述べましたが，もう少し詳しく説明していきましょう。ここでは皆さんにもなじみ深い，英数国理社の5教科のテストの得点がデータとして得られているという設定で，因子分析について説明します。

1.4.1 因子分析と回帰分析のパス図

図1-1を見てください。これは因子分析の結果を示す際によく使われる，パス図というものです。図1-1では，データとして得られている「変数」は四角になっています。そして，「因子」が丸になっています。

四角で表されている変数は，SEMでは観測変数といいます。文字どおり，観測されている変数だからです。一方，丸で表されているものが因子であり，潜在変数[*3]といいます。因子そのものは観測されたものではなく，観測変数間の相関を生み出す原因・原動力として，観測変数の背後に潜んでいるものだからです。

[*3] 後述するように，誤差変数も潜在変数です。

図1-1のパス図では、5変数間の関係が、「文系因子」と「理系因子」という2つの潜在変数によって説明されています。「文系因子」は英語・国語・社会という文系教科を、「理系因子」は数学・理科という理系教科に加えて、英語を説明しています。因子から観測変数へ向かっている矢印は、因子が原因となって教科の得点が（ある程度）定まることを表しています。矢印のことを、以降はパス（path）

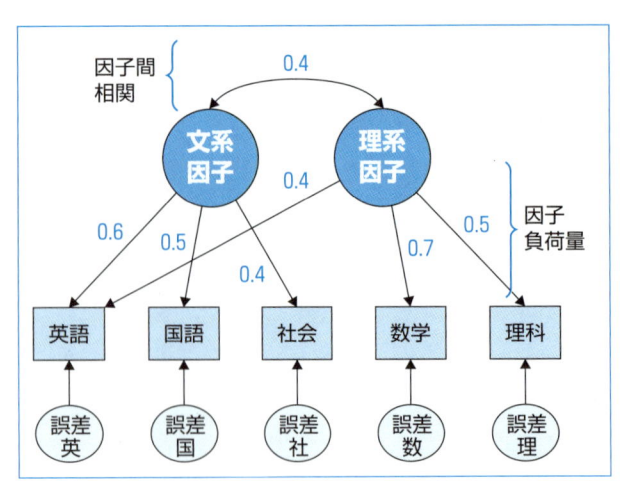

図1-1　5教科データの確認的因子分析

と呼んでいきます。「パス図」とは、変数間の関係をパスで表現した図という意味です。

図1-2は、単回帰モデルと重回帰モデル[*4]のパス図です。ともに、抑うつが従属変数となっています。そして、単回帰モデルの場合はクロニンジャーの7因子に含まれる「損害回避」が、重回帰モデルの場合はそれに加えて「友人 N.L.E.（友人とのネガティブ・ライフイベンツ）」が、独立変数になっています。図1-2のように、回帰モデルでは、独立変数と従属変数がともに観測変数であり、独立変数から従属変数に向けてパスを引きます。独立変数によって従属変数を説明するという意味が、この単方向のパスには込められています。そして、従属変数と独立変数はすべて観測変数なので、四角で描かれています。

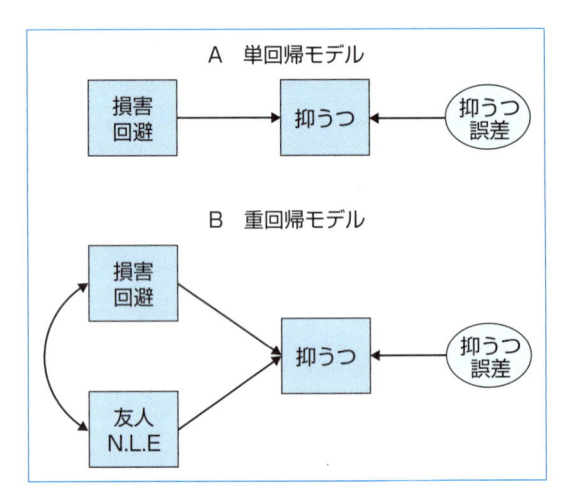

図1-2　単回帰モデル（上）と重回帰モデル（下）
（田中〈2006〉をもとに著者作成）

因子分析でのパスは、回帰分析のパスと同じ意味です。つまり、因子が観測変数を説明するということです。そして、同じ因子からパスが引かれた観測変数どうしは、原因が同じなので相関をもつことになるのです。したがって因子分析とは、データから計算された観測変数間の相関行列を生み出す原因としての因子を、導き出す手法なのです。結果（相関行列）から原因

[*4] 本書では、単回帰分析と重回帰分析はすでに知っているものとして扱っています。これらについては、本シリーズ第3巻『社会心理学のための統計学』で説明されています。また、本書の第5章では、図1-2を使って、SEMの枠組みでの単回帰分析と重回帰分析について説明します。

（因子）を抽出しているのです。英国社は関係（相関）があるから同じ文系因子が原因となり，英数理も関係（相関）があるから同じ理系因子が原因となるということです。

ここまで，構成概念・因子・潜在変数を同じような意味で使ってきましたが，これらの違いを表 1-3 に示しました。「構成概念」はあくまで概念であり，それを統計学的にとらえたものが「因子」と「潜在変数」です。「潜在変数」は「因子」を含む言葉です。

表 1-3　構成概念・因子・潜在変数

構成概念	複雑な現象を説明するために導入する概念のこと
因子	因子分析によってとらえられた構成概念のこと
潜在変数	観測されていない変数であり，因子と後述する誤差変数を指す

1.4.2　誤差変数の内訳

図 1-1 には，因子のほかにも丸で表されているものがあります。それが誤差です。誤差も因子と同じように，それをデータとして収集・観測したわけではありませんので，潜在変数です。だから丸で描かれているのです。図 1-2 の誤差も潜在変数なので，丸で描かれています。

誤差は，特殊因子と測定誤差という 2 つの成分を含んだ潜在変数です。たとえば，社会は文系因子から影響を受けています。文系因子は各個人の文系能力を表しています。このとき，社会の得点が文系因子だけから影響を受けている（文系因子だけで説明される・決まる）と考えてもよいでしょうか。そうではないでしょう。なぜなら，文系因子と社会は全く同じものではないからです。したがって，社会は文系因子によってある程度説明され，そして文系因子以外によって残りが説明されると考えられます。このうちの後者が「誤差」なのです。よって，誤差は社会の得点のうち，文系因子では説明できないけれども，社会のテストで必要とされる固有の個人特性を表しています。たとえば，それは暗記力かもしれません。これが「特殊因子」です。そして，もう 1 つの成分である「測定誤差」は，テストを受けるときの体調やヤマ勘が当たったなど，特殊因子とは別の，測定に際して加わってくる誤差を指します。

図 1-2 の回帰分析の誤差も，2 つの成分を含んでいます。それらは，従属変数のうち独立変数では説明できないけれども従属変数の内容を表す部分と，測定誤差です。前者は因子分析での特殊因子に該当します。したがって，因子分析・回帰分析ともに，誤差変数の内訳は図 1-3 のように示されます[*5]。

以上が因子分析を構成する 3 要素（因子・観測変数・誤差変数）です。

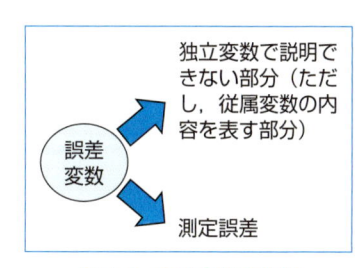

図 1-3　誤差変数の内訳

---

*5　たとえば［1-⑥］式に登場する SEM の母数としての誤差分散は，独立変数で説明できない部分と測定誤差が混在した，誤差変数の分散です。

1.4.3 因子負荷量と因子間相関

図 1-1 には数字が記載されていますが（実際のデータの分析結果ではありません），これについてはまだ説明していませんでした。これらの数字が，因子分析の重要な出力です。まず，因子負荷量について見てみましょう。これらは，因子から観測変数へのパスに付与されています。**因子負荷量**は，因子が観測変数に与える影響の大きさを表す程度を，数値で表したものです。共分散や相関と同じように，正負どちらの値も取りえます。正の大きな値の場合には，因子が観測変数にプラスの影響を与えていることを示しています。逆に，負の大きな値の場合には，因子が観測変数にマイナスの影響を強く与えていることを示しています（負の因子負荷量の事例については 2.8 節で説明します）。

5 教科データの場合には，たとえば文系因子は，英語に 0.6，国語に 0.5，社会に 0.4 の影響を与えているので，英語は他の教科に比べて文系因子から相対的に大きな影響を受けています。つまり，文系能力の高さが最も反映されているのは，英語の得点ということです。逆に，社会は，英語・国語に比べて文系因子からの影響が小さいです。したがって，英語・国語よりも文系能力の高さが社会の得点の高さに反映されにくい，ということになります。

なお，相対的な大きさの違いに言及するためには，これらの数値が 2.9 節で説明する**標準化推定値**である必要があります。ここでは，これらの数値が標準化推定値（相関係数と同じように，おおよそ −1〜1 の範囲の値を取ります）であると見なして，上記の解釈を行いました。

図 1-1 でまだ説明していないのは，因子間相関です。**因子間相関**とは，因子と因子の間の相関係数のことです。ここでは，0.4 という数字が，文系因子と理系因子の間に記載されています。そして，因子負荷量とは異なり，相関は双方向パスで示します。この 0.4 という数字は，文系能力と理系能力の共変関係を，相関係数として表したものです。ここでは中程度の相関になっています。文系科目も理系科目も高得点を取るような勉強が得意な人もいれば，文系科目あるいは理系科目だけが得意な人もいるという状態です。

1.4.4 共通性と独自性と因子得点

図 1-1 には示していませんが，因子分析では共通性と独自性という出力も重要です。**共通性**は観測変数の分散のうち，影響を与えている因子で説明できる割合です。因子分析では，因子が原因となって観測変数をいわば生成していると考えているわけですが，どの程度生成できるのか，その程度を教えてくれるのが共通性です。「観測変数の分散のうち，影響を与えている因子で説明できる割合」という言い方は，初学者には少々わかりにくいと思い

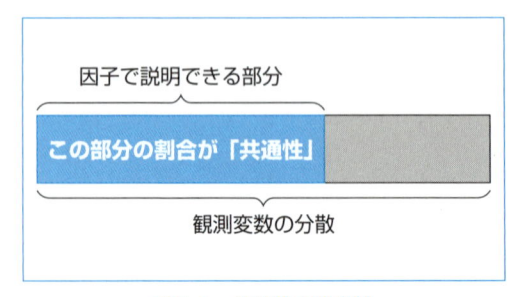

図 1-4 共通性と独自性

ますので，1.5 節で数値例を示しながら説明します。そして，1 から共通性を引いた数字が**独自性**です。別の言い方をすれば，独自性は観測変数の分散のうち，誤差が説明する（因子では説明できない）割合です。図 1-1 では，観測変数は因子と誤差からのみ影響を受けているので，共通性と独自性を足せば 1（＝100％）になることは納得できるでしょう。

最後に，これも図 1-1 には示していませんが，各個人の文系因子の特性や理系因子の特性は**因子得点**と呼び，推定することができます。たとえば，100 人から得たデータで因子分析を行えば，文系因子と理系因子の因子得点を 2 つずつ，100 人分推定することができます。そして，文系因子の因子得点が大きいほど，文系の学力が高いと解釈します。

1.5 因子分析を回帰分析としてとらえる

因子分析は，単回帰分析や重回帰分析との関係性からとらえると理解が深まります。それは，「因子分析は，独立変数が潜在変数（因子）となっている回帰分析である」という見方です。

1.5.1 単回帰分析

まず，図 1-5 を見てください。この図では，「理系因子」「数学」「誤差数」および関連するパスが，ブルーの太線で描かれています。これらだけに注目すると，「理系因子」を独立変数，「数学」を従属変数とする単回帰分析と，図的には同じであることがわかります。したがって，因子負荷量は**回帰係数**にあたることがわかります。回帰係数が 0.7 の場合には，独立変数が 1 大きい人は，従属変数が平均

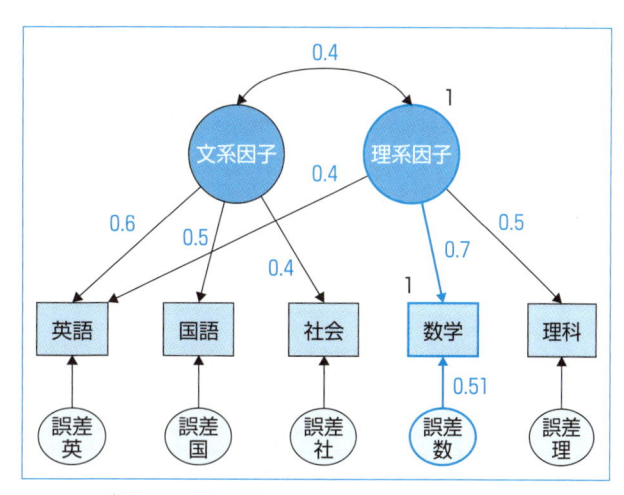

図 1-5　因子分析を単回帰分析的にとらえる

的に 0.7 大きいと解釈します。因子分析では，独立変数である因子の値（因子得点）が 1 大きい人は，従属変数は平均的に 0.7 大きい，と同じように解釈します。SEM では，因子負荷量や回帰係数など，パスに付与される値のことを**パス係数**と呼びます[*6]。

また，回帰分析では，従属変数の分散のうち，独立変数によって説明できる割合を**決定係数**あるいは**説明率**と呼びます。回帰分析の目的は，従属変数の個人差を，独立変数の個人差で説明することにあります。たとえば，学業成績と勉強時間の両方に個人差があり，勉強時間が長

[*6]　本書では因子負荷量のことは，ほとんどの場合，「パス係数」ではなく「因子負荷量」と表記しています。

い人ほど学業成績が良いのならば，学業成績の個人差は勉強時間の個人差である程度は説明できるはずです。回帰分析（あるいは統計学）では個人差は分散として表現しますので，決定係数は従属変数の分散（個人差）のうち，独立変数の分散（個人差）で説明できる割合です（図 1-6）。

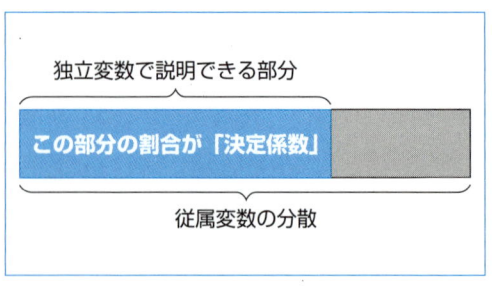

図 1-6　決定係数

前節で同じような定義を行ったのを覚えているでしょうか。そうです。因子分析の共通性は，観測変数の分散のうち，影響を与えている因子で説明される割合でした。したがって，因子分析の共通性は，回帰分析での決定係数に対応する概念です。1 から共通性を引いた値は独自性でしたが，これを回帰分析の文脈の中で説明するならば，従属変数の分散のうち，独立変数の分散で説明できない割合となります。数値としては，「1－決定係数」となります。

図 1-5 で，数学の共通性と独自性を具体的に求めてみましょう。

$$\boxed{数学} = 0.7 \times (理系因子) + (誤差数) \qquad [1\text{-}①]$$

本書では，モデル式中の観測変数を四角，潜在変数を楕円で囲みます。これらは，観測対象（人）ごとに異なる値をもちます。ブルーの数値はパス係数を表します。この式は，「ある人の数学の得点は，その人の理系因子の得点を 0.7 倍して，その人に関する誤差の値を加えた値になる」ことを意味しています。そして，数学の分散は，以下のとおりになります[*7]。

$$数学の分散 = 0.7^2 \times 理系因子の分散 + 誤差数の分散 \qquad [1\text{-}②]$$

図 1-5 の理系因子の右上に 1，数学の左上に 1，誤差数の右上に 0.51 という数値があります。これらはそれぞれ，理系因子，数学，誤差数の分散を表しています。したがって，[1-②] 式に数値を当てはめると，数学の分散（＝1）のうち因子で説明される割合は，$0.7^2 \times 1 = 0.49$ となります。そして独自性は，$1 - 0.49 = 0.51$ となります。数学の分散が 1 なので，独自性は数学の誤差分散そのものです。理系因子によって数学の分散の 49％ は説明されますが，説明できない部分が 51％ 残っているということです。

---

*7　このような式になる理由については，本書の範囲を超えるので，興味のある読者は豊田（1998）あるいは，レーリン（2004, Chapter1 の Wright のルール）などを参照してください。

1.5.2 重回帰分析

次に図 1-7 を見てください。この図では「文系因子」「理系因子」「英語」「誤差英」および関連するパスが，ブルーの太線で描かれています。ここだけを取り出してみると，「文系因子」と「理系因子」を独立変数，「英語」を従属変数とする重回帰分析であることがわかります。重回帰分析では従属変数へのパス係数を，**偏回帰係数**と呼びます。これも，因子分析では因子負荷量に相当します。また，重回帰分析での独立変数間の相関は，因子分析では因子間相関に相当します。

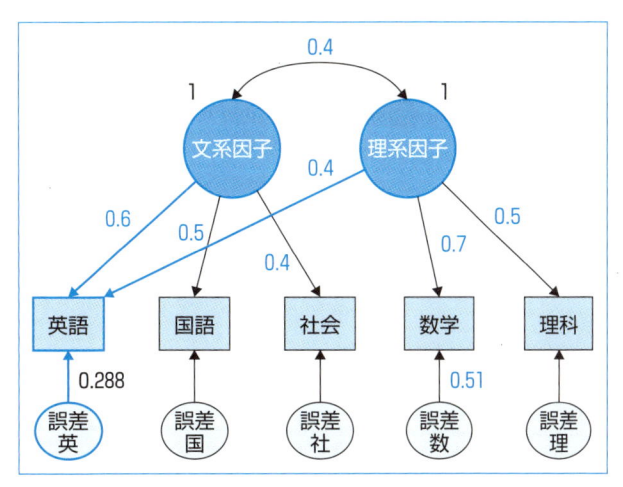

図 1-7　因子分析を重回帰分析的にとらえる

因子間相関があるので，文系因子得点が高い人は，理系因子得点も高い傾向があります。したがって，たとえば理系因子から英語への因子負荷量は，偏回帰係数と同じように，「文系能力が同じ人どうしの中で比べると，理系因子得点が 1 大きい人は平均的に英語が 0.4 高い」と解釈できます。また，共通性と決定係数，独自性と 1 −決定係数の関係についても，図 1-5 と同様です。ただし，英語は 2 つの因子から影響を受けているので，英語の分散のうち，**2 つの因子で説明できる割合**が共通性となっていることに注意が必要です。

図 1-7 の英語についても，共通性と独自性を具体的に求めてみましょう。「文系因子」「理系因子」「英語」「誤差英」の間には重回帰分析と同じ，以下の方程式が成り立ちます。

$$\boxed{英語} = 0.6 \times \boxed{文系因子} + 0.4 \times \boxed{理系因子} + \boxed{誤差英} \quad [1\text{-}③]$$

そして，英語の分散は，以下のようになります。

$$英語の分散 = 0.6^2 \times 文系因子の分散 + 0.4^2 \times 理系因子の分散 + 2 \times 0.6 \times 0.4 \times 因子間の相関 + 誤差英の分散 \quad [1\text{-}④]$$

図 1-7 では，各因子の分散と「英語」の分散は 1，「誤差英」の分散は 0.288 になっています。また因子間の相関は 0.4 です。したがって，英語の分散（＝1）のうち両因子で説明できる割合は，$0.36 + 0.16 + 2 \times 0.6 \times 0.4 \times 0.4 = 0.712$ となります。そして独自性は，$1 - 0.712 = 0.288$ と

なります。英語の分散が1なので，独自性は英語の誤差分散そのものです。両因子によって英語の分散の71.2％は説明できますが，説明できない部分が28.8％残っているということになります。

1.5.3 因子分析と回帰分析の異同

因子分析と回帰分析の対応をまとめたものが，表1-4です。因子分析と回帰分析には図的な対応関係があるので，回帰分析を足掛かりにして因子分析を理解することもできます。ただし，"図的には"と述べたとおり，因子分析と回帰分析は全く同じではありません。因子分析は独立変数が潜在変数なので，分析する前の段階では，独立変数がデータとして観測されていないのです。したがって，因子分析（特に探索的因子分析）は，回帰分析よりも数学的に仕組みが複雑です。ただし，確認的因子分析と回帰分析は，SEMという同じ枠組み・仕組みの中で実行することができます。

表1-4　因子分析と回帰分析

因子分析	単回帰分析	重回帰分析
因子負荷量	回帰係数	偏回帰係数
因子間相関	―	独立変数間の相関
共通性	決定係数	決定係数
独自性	1-決定係数	1-決定係数
因子得点	独立変数の値	独立変数の値

1.6　統計モデルの考え方

2種類の因子分析のうち，確認的因子分析は，観測変数間の相関行列がいくつの因子で説明できるのか，各因子はどの観測変数に影響を与えるのか，因子間に相関を仮定するのかどうかについて，仮説をもっている状況で行う因子分析です。たとえば，図1-1のパス図で確認的因子分析を行うことは，5変数間の相関行列は2つの因子で説明でき，「文系因子」は「英語・国語・社会」，「理系因子」は「英語・数学・理科」に影響を与え，因子間に相関があるという仮説をあらかじめもっていることを表しています。そして，この仮説が正しいのかどうかを，次章で説明する適合度によって判断することが可能です。

逆に，探索的因子分析は，観測変数の背後にいくつの因子が存在するのか，どのような因子が存在するのか，に関する仮説がない状況のときに使用する因子分析です。「探索的に因子を抽出する」という意味が込められています。

話を確認的因子分析に戻しましょう。図1-1に示された仮説は，実際のデータにそぐわないという意味で，間違っているかもしれません。あるいは，よりデータに合致しているという意味で，ベターな仮説があるかもしれません。たとえば，図1-1では「理系因子」から「英語」へパスを引いていますが，やはり「英語」は「理系因子」とは無関係なので，パスがないほうがよいかもしれません。

図1-1は，独立変数としての潜在変数と，従属変数としての観測変数の関係を表すパス図ですが，これを数式によって表現したものを因子分析モデルと呼びます（[1-①]式がそれです）。

パス図を指して「因子分析モデル」と呼ぶこともあります。モデルには模型という意味がありますが，ここでは，現実世界での5教科の得点間の関係の模型を指します。5教科の得点間の関係は，実際にはこのように単純な関係ではないかもしれません。誤差の間にも関係があるかもしれません。あるいは，因子得点が小さい場合よりも大きい場合のほうが，因子負荷量が大きいかもしれません[*8]。しかし，そのように現実世界と合致しない部分はあるかもしれませんが，因子分析モデルは現実世界の大まかな模型であると考えます。

因子分析を含め，統計学の分析方法（の数式表現）は，一般に統計モデルといいます。回帰分析も統計モデルです。統計モデルとは，したがって，現実世界を統計学の世界で表現した模型です。統計モデルはSEMを理解するうえで，極めて重要な考え方です。

1.7　1因子の確認的因子分析

さて，ここからはビッグファイブに話を戻して，確認的因子分析の説明を行います。すでに述べたとおり，確認的因子分析はSEMの枠組みで実行します。ここでは，確認的因子分析の仕組みを話しながら，SEMというより大きな枠組みについても説明を行っていきます。

図1-8に，N1，N2，N3の3変数に対して，1因子（神経質傾向）を仮定した確認的因子分析モデルを示しました。繰り返しになりますが，このようなモデルを仮定するということは，「3変数間の関係は1つの因子で説明されるだろう」という分析者の仮説を表しています。また，確認的因子分析では，因子の分散を1に固定します（因子負荷量のうちの1つを1に固定することもあります。固定する理由については3章で説明します）。

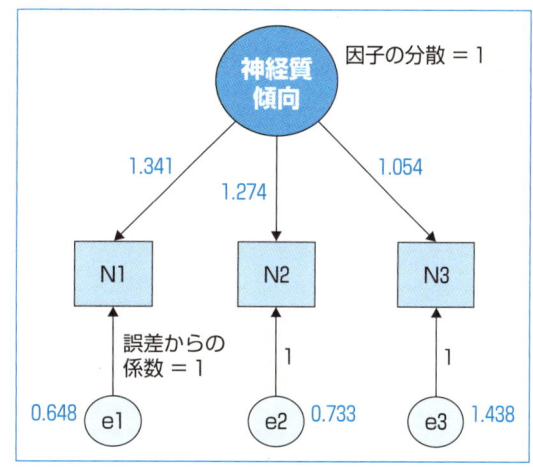

図1-8　1因子3変数の確認的因子分析

1.7.1　母数

図1-8には，ブルーで示している数字が6つあります。そのうちの3つは因子負荷量で，因子「神経質傾向」から各観測変数へのパスに付与されています。また，残りの3つは誤差分散で，各誤差（e1，e2，e3）のそばに示されています。これら6つが，この因子分析モデルに関してデータから求めるべきものです。この，データから求めるべきもののことを統計学では，

[*8]　非線形の関係ということです。

母数（parameter）と呼びます。母数は「母集団における値」のことです。また、「求める」ことを統計学では「推定（母集団の値がこれくらいだろう、とデータを使って推し量ること）」と言います。したがって、「この因子分析モデルでは、データから6つの母数を推定する」という言い方になります。本書ではこれ以降、推定された値をブルーで示し、固定された母数はブラックで表記します。

では、これら6つの母数は、どのようにして求めればよいでしょうか。母数を推定する仕組みは、統計学のユーザにとっては不必要な知識と思われるかもしれません。しかし、第2章で説明する「適合度」という極めて重要な概念を学ぶときに、母数推定の仕組みがわかっていると着実な理解ができるようになります。ゆっくり説明していきましょう。

まず、唐突ですが以下の連立方程式を、中学校で学んだ数学を思い出して解いてみてください。

$$\begin{cases} a + 2b = 3 \\ a - b = 0 \end{cases} \quad [1\text{-}⑤]$$

$(a, b) = (1, 1)$ となったと思います。実は、このような連立方程式を解く作業を、因子分析でも行っています。因子分析では a と b が、母数、つまり求めるべき（推定すべき）ものになります。

1.7.2　共分散行列と共分散構造

それでは、どうすれば因子分析の母数推定を、連立方程式として考えることができるのでしょうか。そのためには、観測変数間の共分散行列あるいは相関行列[*9]に関して、二通りの考え方があることを理解する必要があります。

質問コーナー

「共分散」がうろ覚えなのですが……

　それでは、復習をしましょう。共分散も相関係数と同じように、2変数間の関係を表しています。値が正に大きいほど2変数の散布図は右肩上がりになり、値が0に近い場合は2変数に関係がなく、値が負に大きいほど2変数の散布図は右肩下がりになります。共分散と相関が異なる点は、相関は −1〜1 の範囲の値を取りますが、共分散は取りうる値が限定されていないことです。表1-5は共分散行列の例で、N1とN2の共分散は 1.709、N1とN1の共分散すなわちN1の分散は 2.448 となっています。共分散については、本シリーズ第1巻『心理学のための統計学入門』も参照してください。

[*9] 変数間の関係として心理学でよく使用する指標は相関係数ですが、SEMの理論は基本的には共分散行列に対するものなので、今後は共分散行列を扱っていきます。

1つめは，データから求まる共分散行列あるいは相関行列です。表 1-5 に，N1, N2, N3 の共分散行列を示しました。これは，データが得られたならば，計算することができます。この，データから計算された共分散行列を，**S** と表記します。

表 1-5　3変数間の共分散行列（S）

	N1	N2	N3
N1	2.448	1.709	1.413
N2	1.709	2.355	1.342
N3	1.413	1.342	2.548

2つめは，母数で表現された観測変数間の共分散行列です。難しい言い方ですが，これは，N1 と N2 の共分散を 1.709 という数字ではなく，因子分析の母数を使って表現するということです。3 変数間の共分散行列を，図 1-6 の因子分析モデルの母数を使って表現すると，表 1-6 のようになります。

表 1-6　3変数間の共分散構造（Σ）

	N1	N2	N3
N1	N1 負荷の 2 乗+e1 誤差分散	N1 負荷×N2 負荷	N1 負荷×N3 負荷
N2	N1 負荷×N2 負荷	N2 負荷の 2 乗+e2 誤差分散	N2 負荷×N3 負荷
N3	N1 負荷×N3 負荷	N2 負荷×N3 負荷	N3 負荷の 2 乗+e3 誤差分散

表 1-6 は表 1-5 と同様，3 変数間の共分散行列を表していますので，同じサイズです。しかし，中身は全く異なります。たとえば，表 1-6 では N1 と N2 の共分散のセルに，「N1 負荷×N2 負荷」と書かれています。これは，「N1 に対する因子負荷量×N2 に対する因子負荷量」を表しています。N1 に対する因子負荷量と N2 に対する因子負荷量は，ともに因子分析モデルで推定しようとしている母数であり，ここでは言葉で表現しています。したがって，N1 と N2 の共分散が母数を使って表現できたことになります。

このように，モデルの母数で表現された共分散行列を Σ で表し，**共分散構造**と呼びます。

因子分析モデルは，因子が原因となって観測変数間に相関が生まれていることをモデル化しています。これは，N1 と N2 の共分散（相関）が，因子負荷量の積となっていることに表れています。つまり，観測変数の背後に共通の因子がある場合には，2 つの因子負荷量の影響によって，N1 と N2 の共分散（相関）が大きくなるのです。

また，表 1-6 の N1 と N1 の共分散，つまり N1 の分散のセルには「N1 負荷の 2 乗+e1 誤差分散」とあります。これは，「N1 に対する因子負荷量の 2 乗+誤差 e1 の分散」を表しています。e1 誤差分散も母数ですから，N1 の分散も母数を使って表現されたことになります。

Σ の中身を求める方法を理解するためには，確率変数の分散・共分散に関する知識が必要になります。これは本書の範囲を超えるため，ここでは説明しませんが，興味のある読者は豊田（1998）をご覧ください。あるいは，Wright のルール（Loehlin, 2004, Chapter 1 を参照）に従って，パス図から求める方法もあります。

1.7.3 母数推定の実際

表 1-5 と表 1-6 は同じことを別の方法を使って表現したものどうしですから，対応するセルどうしを等号（イコール）で結んでみます。共分散行列は対称ですから，重複する箇所を除くと，以下の 6 元連立方程式を導くことができます。

> N1 負荷の 2 乗＋e1 誤差分散 = 2.448
> N1 負荷×N2 負荷 = 1.709
> N1 負荷×N3 負荷 = 1.413
> N2 負荷の 2 乗＋e2 誤差分散 = 2.355
> N2 負荷×N3 負荷 = 1.342
> N3 負荷の 2 乗＋e3 誤差分散 = 2.548

[1-⑥]

質問コーナー

心理学では，ADHD やうつであるか否かの目安として，スクリーニング尺度を使用することがあります。スクリーニング尺度に対して SEM で分析を行う場合に，注意すべきことはありますか？

医療現場ではスクリーニング尺度をよく使います。医療にとっては有益なツールですが，研究対象が健常群の場合には，必ずしもそうではありません。それは，スクリーニング尺度が健常群と患者群の区別を目的としたものであるのに対し，健常群を対象とした研究において有効な尺度は，健常群内の個人差を測定するものだからです。ですから，スクリーニング尺度には，「自殺を企図したことがありますか」など，健常群ではなかなか「はい」と答えないような平均点の低い項目が多く並ぶ傾向があり，観測変数の分布は得点の低いほうに偏ってしまいます。一方，SEM は，（本書では説明していませんが）観測変数に正規分布という左右対称の分布を仮定して推定を行うことが一般的なので，そのような歪んだ分布は SEM に適していないのです。この場合の対処方法としては以下の 3 点が挙げられます。

(1) スクリーニング尺度の使用が適切か否かを見きわめます。具体的には，分析目的が健常群と患者群の分類であればスクリーニング尺度の使用は望ましいのですが，健常群の個人差に注目して回帰分析や因子分析を行うのであれば，使用は避けるべきです。

(2) 観測変数が正規分布に従っていない場合でも，推定値には影響がないことが知られています。「頑健性」といいます（尾崎〈2012〉を参照してください）。したがって，推定値を求めるためであれば，分布の歪みは気にする必要がありません。ただし，後述する標準誤差や適合度には影響があります。

(3) スクリーニング尺度と他の変数との関係を調べたいのであれば，まずはスクリーニング尺度の得点にカットオフポイントを作り，健常群と患者群に分類して 0，1 の数値を与えます。あるいは，3 群に分類して 0，1，2 の数値を与えます。そして，他の変数との相関にはテトラコリック相関，ポリコリック相関，シリアル相関，ポリシリアル相関など順序尺度データのための相関係数（本シリーズ第 4 巻『教育心理学のための統計学』も参照してください）を求めます。そして，それらの相関を用いて，SEM で分析を行います。

すると，[1-⑥] 式は方程式の数が 6 本で，求めたい母数の数も 6 つなので，この連立方程式を解くことができます。その結果として求まる値が図 1-8 に示された数値なのです[*10]。母数推定の結果，求まった数値のことを，**推定値**と呼びます。

ここでは，1 因子 3 変数の確認的因子分析を SEM の枠組みで実行する方法を説明しましたが，他のモデルであっても同様です。つまり，どのようなモデルであっても，① 表 1-5 のように観測変数間の共分散行列をデータから求め，② 表 1-6 のように共分散構造を分析モデルの母数を使って構造化し，③ 対応する箇所を等号で結んで連立方程式を解くわけです。本書ではこれ以降，観測変数の数を変えた確認的因子分析モデル，単回帰モデルなど，さまざまなモデルに関して，表 1-6 のような表現をしていきます。

SEM は，図 1-1・1-2・1-5・1-7・1-8 のような「パス図を描いて分析するもの」と，漠然と思われている傾向があります。パス図は変数間の関係に関する考えをまとめたり，求まった結果を他人に示す際に，極めて有効なツールです。しかし，パス図のみの理解では，SEM がなぜ共分散構造分析と呼ばれるのかわからないと思います。SEM の本質は，データから求まる観測変数間の共分散行列（S）と，統計モデルの母数を使って表現した観測変数間の共分散構造（Σ）の 2 つを求め，両者が等しくなるように母数を推定する点にあるのです。

【文献】

Costa, P. T. Jr., & McCrae, R. R. (1992). *Revised NEO Personality Inventory (NEO-PI-R) and NEO Five-Factor Inventory (NEO-FFI)*: *Professional manual*. Odessa: Psychological Assessment Resouces.

Goldberg, L. R. (1999). A broad-bandwidth, public domain, personality inventory measuring the lower-level facets of several five-factor models. In I. Mervielde, I. Deary, F. De Fruyt & F. Ostendorf (Eds.), *Personality psychology in Europe*: *Vol. 7*: *selected papers from the eighth European conference on personality held in Ghent, Belgium July 1996*. Tilburg: Tilburg University Press.

Loehlin, J. C. (2004). *Latent variable models* (4th ed.). Mahwah: Lawrence Erlbaum Associates.

尾崎幸謙 (2012). 頑健性. 豊田秀樹編著　共分散構造分析：構造方程式モデリング [数理編]. 朝倉書店　pp.174-184.

小塩真司 (2010). はじめて学ぶパーソナリティ心理学. ミネルヴァ書房

田中麻未 (2006). パーソナリティ特性およびネガティブ・ライフイベンツが思春期の抑うつに及ぼす影響. パーソナリティ研究, **14** (2), 149-160.

豊田秀樹 (1998). 共分散構造分析：構造方程式モデリング [入門編]. 朝倉書店

[*10] 実際は，SEM ではこの方程式を単純に解くことはせずに，最尤法や 2.2 節で説明する最小二乗法などの方法を使います。

Quiz

理解できたか
チェック
してみよう！

問1：【要ソフトウェア】 本章では，bfi に含まれる神経質傾向（N）の N1, N2, N3 を用いて1因子の確認的因子分析を実行しましたが，神経質傾向を測定する観測変数には，他にも N4, N5 があります。5変数すべてを使って1因子の確認的因子分析を実行して，因子負荷量・誤差分散を求めてください。

問2：【要ソフトウェア】 bfi には，本章で分析した神経質傾向（N）以外にも，外向性（E），開放性（O），調和性（A），誠実性（C）の4つの因子を測定するための項目が，それぞれ5つずつ含まれています。項目内容は表1-1を参照してください。これらの因子それぞれに対して1因子の確認的因子分析を実行して，因子負荷量・誤差分散を求めてください。

問3： 表1-1のビッグファイブの項目内容から，開放性因子（O因子）の逆転項目を見つけてください。

問4： 図1-1で，5教科が1つの因子にまとまったと仮定すると，その因子は何を表しているでしょうか。また，各教科に対する因子負荷量はどのような大きさになると考えられるでしょうか。

問5： 図1-5の数値を使って，社会と理科それぞれについて［1-①］式の因子分析モデルを記述してください。また，それぞれの教科の共通性と独自性を求めてください。

注：**【要ソフトウェア】** とある問題の必要なデータは，すべて伴走サイトからダウンロードできます（http://www.rd.dnc.ac.jp/~shojima/psychometrics/）。第2章以降も同様です。

第2章 性格の構造を把握する —— 適合度・自由度

　第1章ではビッグファイブを例に挙げて，因子分析について説明をしましたが，分析結果を示したのは「神経質傾向」因子のみでした。本章では，まず1因子の確認的因子分析モデルの観測変数の数を変えながら，適合度と自由度について説明します。そして，複数の因子を同時に測定する確認的因子分析モデルについて説明します。

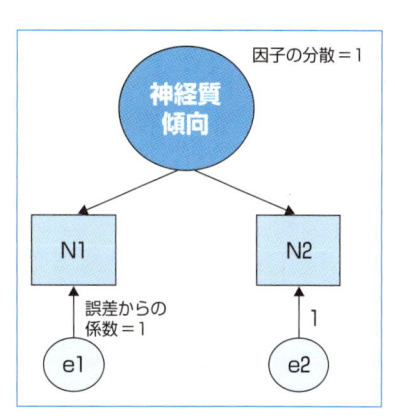

2.1　1因子2変数の確認的因子分析モデル

　1.7節では，1因子の確認的因子分析の，母数推定の仕組みについて説明しました。それは，データから求まる共分散行列 S（表1-5）と，確認的因子分析モデルから求まる共分散構造 Σ（表1-6）の対応するセルを，等号（イコール）で結んだ連立方程式［1-⑥］式を解くことでした。1.7節では観測変数の数が3つでしたが，これが2つの場合と4つの場合はどのようになるでしょうか。本節では，観測変数の数が2つの場合について説明します。

2.1.1　母数推定

　図2-1は観測変数が2つ（N1，N2）の場合の，確認的因子分析モデルです。「神経質傾向」を2つの観測変数で測定しようとしています。この場合のデータから計算される共分散行列（S）は，表2-1になります。そして，図2-1の確認的因子分析モデルの母数を使って表現される共分散構造（Σ）は，表2-2になります。表2-1と表2-2は，3変数の場合の表1-5と表1-6から，N1，N2の部分を取り出したものです。

　SEMにおける母数推定の考え方は，SとΣの対応するセルを等号で結んだ連立方程式を解くことでした。［1-⑥］式と同じように，S（表2-1）とΣ（表2-2）の対応するセルを等号で結ぶと，下記の［2-①］式を導くことができます。

図2-1　1因子2変数の確認的因子分析

表2-1　2変数間の共分散行列（S）

	N1	N2
N1	2.448	1.709
N2	1.709	2.355

表 2-2　2 変数間の共分散構造（Σ）

	N1	N2
N1	N1 負荷の 2 乗＋e1 誤差分散	N1 負荷×N2 負荷
N2	N1 負荷×N2 負荷	N2 負荷の 2 乗＋e2 誤差分散

$$
\begin{aligned}
&\text{N1 負荷の 2 乗＋e1 誤差分散} = 2.448 \\
&\text{N1 負荷×N2 負荷} = 1.709 \\
&\text{N2 負荷の 2 乗＋e2 誤差分散} = 2.355
\end{aligned}
\quad [2\text{-}①]
$$

しかし，果たしてこの［2-①］式を解くことはできるでしょうか。結論を言ってしまうと，これは不可能です。なぜなら，連立方程式の数が 3 本しかないのに，母数が 4 つ（N1 負荷，N2 負荷，e1 誤差分散，e2 誤差分散）もあるからです。しかし，この連立方程式を無理に解こうとすれば，答え（母数の推定値）を求めることはできます。ただし，無数の答えが求まります。N1 負荷，N2 負荷，e1 誤差分散，e2 誤差分散のうちの 1 つに，何でもよいので数値を割り当てれば，連立方程式が 3 本で母数の数も 3 つになるからです。しかし，無数の答えのうちの何が最も適切なのかはわかりません。なぜなら，無数の答えは，いずれも連立方程式を満たしてしまうからです。

したがって，因子が 1 つで観測変数が 2 つの確認的因子分析は，実行できません。ただし，3.7 節で説明するように，2 つの因子負荷量が等しいなどの制約を課すことで，推定は可能になります。また，因子が他の観測変数あるいは因子から影響を受けている場合，他の因子に影響を与えている場合，そして別の因子との相関がある場合にも，推定は可能になることがあります。

2.1.2　自由度と飽和モデル

観測変数が 2 つの場合に確認的因子分析を実行することができないのは，連立方程式の数が母数の数を下回っているからでした。SEM では，「連立方程式の数−母数の数」を**自由度**と呼びます。自由度は 0 以上である必要がありますが，ここでは自由度が負なので，図 2-1 の確認的因子分析は実行できないのです。

さらに，「実行できない」のことを SEM に限らず統計学では，「**識別**できない」といいます。自由度が負でなければ必ず識別できるわけではありませんが，モデルが識別できるためには，自由度が負でないことが最低条件です。識別に関しては本書でも折に触れて説明しますが，豊田（1998）に詳しい説明があります。

2 変数の確認的因子分析は識別できなかったわけですが，識別できていた 3 変数の確認的因子分析に立ち戻ってみましょう。3 変数の確認的因子分析モデルでは，連立方程式の数と母数の数がともに 6 になっていました。したがって自由度は 0 ですから，ぎりぎり識別されていた

わけです。自由度が 0 のモデルを**飽和モデル**と呼びます[*11]。

連立方程式の本数は，分散の数と共分散の数の合計と同じです。これを数式で示すと以下のようになります。

$$\text{分散の数} = \text{観測変数の数}$$
$$\text{共分散の数} = \frac{\text{観測変数の数} \times (\text{観測変数の数} - 1)}{2}$$
$$\text{連立方程式の本数} = \text{分散の数} + \text{共分散の数}$$
$$= \frac{\text{観測変数の数} \times (\text{観測変数の数} + 1)}{2}$$

たとえば，観測変数の数が 2 の場合は，2×3÷2＝3 本，3 の場合は 3×4÷2＝6 本となり，これまでの説明と一致します。さらに，これから説明する観測変数の数が 4 の場合は，4×5÷2＝10 本となります。

2.2　1 因子 4 変数の確認的因子分析モデル

図 2-2 に示している 4 変数の場合も，同じように進めることができます。2 変数の場合の［2-①］式と，3 変数の場合の［1-⑥］式の違いから類推すれば，4 変数の場合の連立方程式が［2-②］式のようになることがわかると思います。4 変数の場合の共分散行列 S は表 2-3 のとおりです。

表 2-3　4 変数間の共分散行列（S）

	N1	N2	N3	N4
N1	2.448	1.709	1.413	0.995
N2	1.709	2.355	1.342	0.930
N3	1.413	1.342	2.548	1.293
N4	0.995	0.930	1.293	2.435

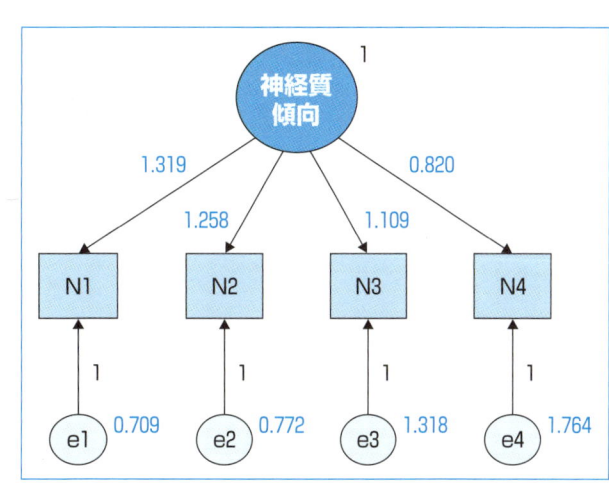

図 2-2　1 因子 4 変数の確認的因子分析

---

*11　1 因子 3 変数の確認的因子分析モデルと，因子負荷量が等しいという制約を置いた 1 因子 2 変数の確認的因子分析モデルと，単回帰モデルと，重回帰モデルの 4 つはすべて，飽和モデルになります。

$$
\begin{aligned}
&\text{N1 負荷の 2 乗} + \text{e1 誤差分散} = 2.448 \\
&\text{N1 負荷} \times \text{N2 負荷} = 1.709 \\
&\text{N1 負荷} \times \text{N3 負荷} = 1.413 \\
&\text{N1 負荷} \times \text{N4 負荷} = 0.995 \\
&\text{N2 負荷の 2 乗} + \text{e2 誤差分散} = 2.355 \\
&\text{N2 負荷} \times \text{N3 負荷} = 1.342 \\
&\text{N2 負荷} \times \text{N4 負荷} = 0.930 \\
&\text{N3 負荷の 2 乗} + \text{e3 誤差分散} = 2.548 \\
&\text{N3 負荷} \times \text{N4 負荷} = 1.293 \\
&\text{N4 負荷の 2 乗} + \text{e4 誤差分散} = 2.435
\end{aligned}
\quad [2\text{-}②]
$$

2.2.1 最小 2 乗法

　連立方程式の数は 10 本, 母数の数は 8 個なので, 自由度は 2 となります。したがって, 因子数が 1 つで観測変数の数が 4 つの確認的因子分析モデルも, 識別できます（つまり, 確認的因子分析を実行できます）。しかし, 同じ識別できている状況でも, 観測変数の数が 3 つの場合と 4 つの場合とでは違いがあります。3 つの場合は連立方程式の本数と母数の数が同じだったので, 連立方程式を解くことができました。しかし, 4 変数の場合は, 連立方程式の数のほうが多いのです。[2-②] 式は連立方程式の本数が多くて複雑ですので, [2-③] 式を見てみましょう。

$$
\begin{aligned}
&a + 2b = 3 \\
&a - b = 0 \\
&a + b = 0
\end{aligned}
\quad [2\text{-}③]
$$

　[2-③] 式は連立方程式の本数が 3 本で, 母数の数が 2 個（a と b）の状況なので, [2-②] 式と同じように, 連立方程式の本数のほうが多くなっています。自由度は 3−2＝1 です。これら 3 本の方程式をすべて満たす (a, b) はありません。たとえば, 2 本めと 3 本めからすると (a, b) = (0, 0) が答えになりそうですが, これでは 1 本めが成り立ちません。しかし, 自由度が正の [2-②] 式は「識別できる」と言いましたので, 矛盾していると感じると思います。

　確かに [2-②] 式にしても [2-③] 式にしても, すべての方程式を満たす母数は存在しません。それでは, どのような母数であってもよいのかというと, そうではありません。たとえば [2-③] 式に対して, 先ほどのように (a, b) = (0, 0) とした場合と, (a, b) = (100, 100) とした場合は, どちらも 3 本すべてを満たしているわけではありませんが, 前者のほうが良さそうな気がします。前者の場合, 1 本め以外は満たしている一方, 後者の場合は 1 本めと 3 本め

を全く満たしていないからです。この"良さそうな気"を表現しているのが，[2-④] 式です。

$$\text{推定値の不適切さの程度} = (a+2b-3)^2 + (a-b-0)^2 + (a+b-0)^2 \quad [2\text{-}④]$$

[2-④] 式は，左辺が「推定値の不適切さの程度」となっています。つまり，左辺の値が大きいほど，a と b の推定値は不適切であることになります。そして右辺は，[2-③] 式のそれぞ

質問コーナー

SEM で分析をしようとしたところ，「収束していません (no convergence)」というエラーが返ってきてしまいました。初期値を与えるとうまく推定できるかもしれないと教えられましたが，どのように初期値を設定すればよいでしょうか？　また，そもそも初期値とは何でしょうか？

　多くの SEM のソフトウェアでは，モデルに対して初期値を与えることが可能です。初期値とは，母数に対して与えるもので，「計算をこの値からスタートしてください」というときの"この値"にあたります。SEM の推定では，非常に複雑な計算を行います。連立方程式を解くといっても容易ではなく，たとえば [2-②] 式の各母数にさまざまな値を当てはめながら，探索的に推定値を求めるのです。その探索的に求めるときのスタート地点が，初期値です。ですから，初期値が推定値に近い場合には，推定は非常に楽になります。

　単純なモデルであれば解はすぐに求まりますが，解が求まらないこと（収束しない，no convergence などと表記されます）も，しばしばあります。この場合には，質問にあるように，初期値の設定をするとうまくいくことがあります。じつは SEM のソフトウェアの多くは，望ましいと思われる初期値をソフトウェアの中で計算しているのですが，自分で初期値を決めることもできます。

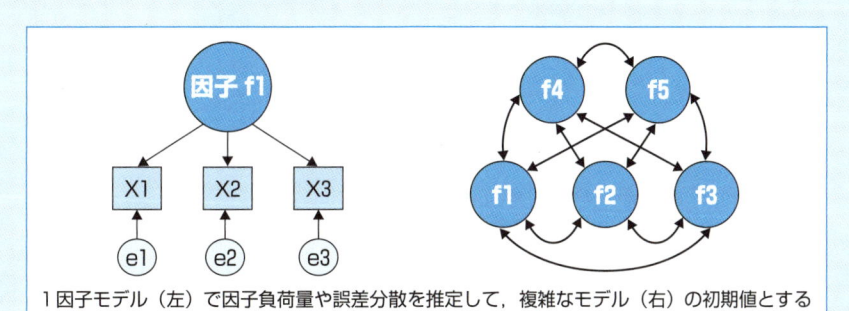

1 因子モデル（左）で因子負荷量や誤差分散を推定して，複雑なモデル（右）の初期値とする

図　初期値の設定

　一般に，初期値を与えなければいけないケースというのは，因子の数が多く，モデルが複雑な場合です。その場合には，図のように，各因子で確認的因子分析を行い，その推定値（因子負荷量と誤差分散）を複雑なモデルでの確認的因子分析部分の初期値にすると，うまく推定できることがあります。潜在変数間のパス係数については，各因子に関して因子得点を求め，因子得点間の相関や回帰分析の結果を複雑なモデルの当該部分の初期値として与えることで，うまく収束する可能性があります。

れの方程式の，右辺と左辺の引き算の2乗になっています。

　何か適当な (a, b) を [2-④] 式に代入し，値を求めてみましょう。たとえば，(a, b) = (0, 0) を代入すると不適切さの程度は9になります。また，(a, b) = (100, 100) を代入すると，不適切さの程度は128209となります。よって，(a, b) = (100, 100) のほうが (a, b) = (0, 0) よりも不適切である，逆にいえば (a, b) = (0, 0) のほうが適切であることになります。ちなみに，計算過程は省きますが，不適切さの程度を最小にする (a, b) は (0.429, 0.857) で，このときの不適切さの程度は2.571です。

　このように，それぞれの連立方程式の右辺と左辺の差の2乗の和が最小になるような母数を推定する方法を，**最小2乗法**と呼びます。ただし，SEMで最も一般的な推定方法は，**最尤法**[*12]という方法です。図2-2に示している母数の推定値は，このモデルを最尤法によって解いた結果です。

2.3 連立方程式と統計モデルの関係

　SEMでは，データから計算した共分散行列（S）と，確認的因子分析モデルの母数によって表現した共分散構造（Σ）を求め，それらの差を小さくするように母数推定を行う，とこれまで述べてきました。Sは [1-⑥] 式，[2-①] 式，[2-②] 式の右辺に表れています。一方，Σはそれらの式の左辺に表れています。つまり，右辺はデータを表しており，左辺は統計モデルを表しています。

　1.6節で述べたとおり，統計モデルとは現実世界の模型です。そして現実世界は，データとして右辺で表されています。したがってSEMは，現実世界を表す右辺と，その模型を表す左辺の差を小さくするような母数を求めていることになります。

　これまで示してきた確認的因子分析モデルは，「複数の観測変数間の共分散」（現実世界）が，「1つの因子によって集約される」（モデル）というものでした。しかし，もしかすると現実世界をより良く表現するような，言い換えれば，現実世界に対する説明力がより高いモデルがあるかもしれません。たとえば，「神経質傾向」因子NのN1～N4は，1因子でまとまると考えるよりも，図2-3のように，

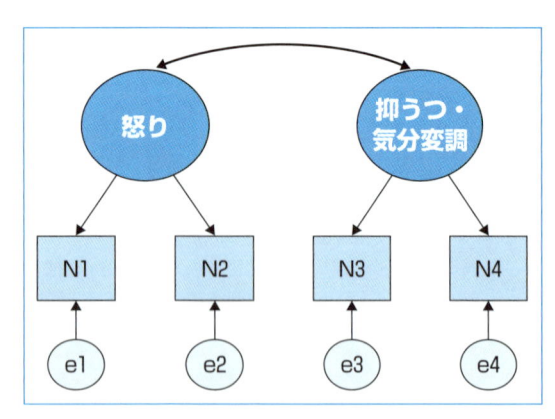

図 2-3　2因子4変数の確認的因子分析

[*12] 推定量の一致性（標本サイズが大きいとき，推定量が母数に一致すること）と，漸近正規性（標本サイズが大きいとき，推定量の分布が正規分布に従うこと）が成り立つ，という望ましい性質があります。詳しくは中村（2012）を参照してください。

N1（怒りっぽい）とN2（いらいらしやすい）で1つのまとまり（怒り因子）があり，N3（気分が頻繁に変化する）とN4（よく落ち込む）でもう1つのまとまり（抑うつ・気分変調因子）を表している，と考えたほうがよいかもしれません。

図2-4（図2-2の再掲）の1因子モデルと，図2-3の2因子モデルでは，データに合致しているという意味で，どちらのほうが良いのでしょうか。それを教えてくれるのが，次節で説明する適合度です。

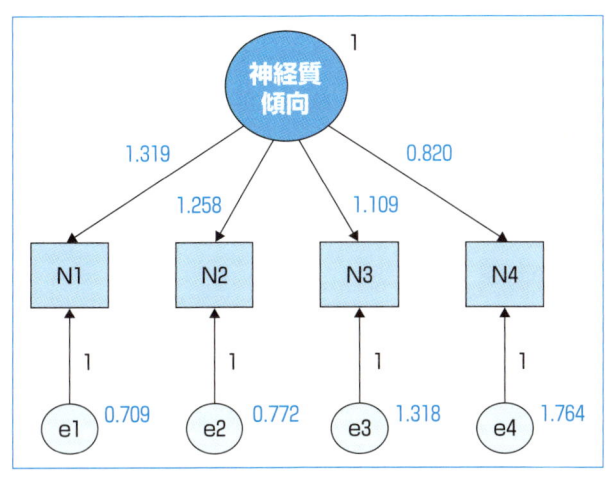

図2-4（図2-2の再掲） 1因子4変数の確認的因子分析

2.4 適合度

図2-3の2因子モデルに進む前に，図2-4の1因子モデルについて，さらに詳しく見ていきましょう。適合度にはさまざまな種類がありますが，その基本は，共分散行列Sと，推定された共分散構造Σの差です。4変数の確認的因子分析で具体的にSと，推定されたΣを見てみましょう。表2-3にSを示しました。これはデータから計算したものです。そして表2-4に「推定されたΣ」を示しました。たとえばN1の分散については，[2-②]式の1本めの「N1負荷の2乗＋e1誤差分散」に，「N1負荷」と「e1誤差分散」の推定値を代入して，以下のように求めています。

$$\text{N1 の分散} = 1.319^2 + 0.709 = 2.448 \qquad [2\text{-}⑤]$$

2.4.1 残差行列

母数推定は，SとΣの差を小さくするように行うので，Sと推定されたΣの差が小さくなっているほど，想定したモデルによって共分散行列（データ）がうまく説明できていることにな

表 2-4　4 変数間の推定された共分散構造（推定された Σ）（図 2-2 の 1 因子モデル）

	N1	N2	N3	N4
N1	2.448	1.659	1.462	1.080
N2	1.659	2.356	1.396	1.031
N3	1.462	1.396	2.548	0.909
N4	1.080	1.031	0.909	2.435

表 2-5　4 変数間の残差行列（S−推定された Σ）（図 2-2 の 1 因子モデル）

	N1	N2	N3	N4
N1	0.000	0.050	−0.049	−0.085
N2	0.050	0.000	−0.054	−0.101
N3	−0.049	−0.054	0.000	0.384
N4	−0.085	−0.101	0.384	0.000

ります。具体的に差を求めたのが，表 2-5（＝表 2-3−表 2-4）です。これを残差行列と呼びます。「S と推定された Σ の差（残差）が要素となっている行列」という意味です。これを見ると，分散については，S と推定された Σ が一致しており，その他のセルも 0 に近いことがわかります。しかし，N3 と N4 の共分散については相対的に残差が大きく（0.384），うまく説明できていないようです。

2.4.2　適合度指標

　表 2-5 に含まれる重複のない要素は 10 個ですから，この 1 因子モデルがデータに当てはまっている程度を調べるためには，10 個の値を同時に見なければいけません。したがって，表 2-5 を見ただけでは，当てはまりはわかりにくいです。観測変数の数がさらに増えれば，よりわかりにくくなってしまいます。そこで，適合の状況を 1 つの数値で表す指標が，いくつか提案されています。それが，適合度指標です。表 2-6 に，代表的な適合度指標の結果を示しました。これらについて説明していきましょう。

　χ^2 値は，S と推定された Σ との違いをもとにして計算される値で，データにモデルが当てはまっているかどうかを，直接的に表しています。χ^2 値が小さいほど，モデルはデータに当てはまっています。そして，自由度を用いて，「モデルはデータに当てはまっている」を帰無仮説とした，χ^2 検定を行うことができます。p 値が 0.05 を下回っている場合には，「モデルはデータに当てはまっていない」と判断します。

表 2-6　2 つのモデルの適合度

	χ^2 値	自由度	p 値	AIC	RMSEA	CFI	SRMR
1 因子モデル	189.245	2	0.000	205.245	0.205	0.944	0.053
2 因子モデル	0.223	1	0.634	18.223	0.000	1.000	0.001

　AIC は，統計数理研究所の元所長である故赤池弘次先生が開発した指標で，値が小さいほど良いモデルであることを表しています。ただし，ここでの良いモデルの意味は，将来別のデータが得られたときに，そのデータに対しての当てはまりが良いモデルであることを指します。つまり AIC は，将来の予測の観点から適合度をとらえた指標です。AIC は相対的な指標であり，良いモデルといえる数値基準があるわけではありません。AIC は，同じデータに対して異なるモデルを当てはめた場合，小さい値をもつモデルのほうが，相対的に当てはまりが良いと判断する指標です。

一方，**RMSEA**，**CFI**，**SRMR** は絶対的な指標といい，RMSEA は 0.05 以下，CFI は 0.95 以上，SRMR は 0.05 以下のときに，良いモデルといえます。それぞれの最良の値は，CFI が 1，RMSEA と SRMR が 0 です。よって，表 2-6 から 1 因子モデルの当てはまりを，p 値と絶対的な指標を用いて判断すると，「当てはまりは良くない」という結論になります[*13]。本節では，残差行列の各値を 1 つの数値としてまとめるものとして，各種適合度指標を紹介しました。しかし，残差行列の各値は，モデルとデータの適合が不十分な箇所を教えてくれます（ここでは N3 と N4 の共分散を指します）。その意味で，残差行列はきわめて重宝します[*14]。

2.5　2 因子モデルとの比較

前節では，1 因子モデル自体がデータに当てはまっているか否かを，絶対的な適合度指標を用いて検討しました。本節では，2 因子モデルがデータに当てはまっているか，そして 1 因子モデルと比べてどちらのほうが当てはまりが良いのかを調べます。

表 2-6 の 2 因子モデルの行は，各種の適合度を示しています。まず絶対的指標である p 値，RMSEA，CFI，SRMR について見てみましょう。p 値は有意ではないので，「モデルはデータに適合している」と解釈します。そして，RMSEA，CFI，SRMR は，すべて先ほど挙げた基準をクリアしています。さらにいえば，RMSEA，CFI，SRMR は，ほぼ限界（最良）の値を示しています。したがって，2 因子モデル自体のデータに対する適合は，きわめて良いといえます。

表 2-7 の残差行列の各要素がほぼ 0 であることからも，適合の良さがわかります。また，相対的指標である AIC を 1 因子モデルと 2 因子モデルで比較すると，2 因子モデルのほうが小さくなっています。よって，1 因子モデルよりも 2 因子モデルのほうが，適合は良いと判断します。

表 2-7　4 変数間の残差行列（S－推定された Σ）（図 2-4 の 2 因子モデル）

	N1	N2	N3	N4
N1	0.000	0.000	−0.002	0.006
N2	0.000	0.000	0.002	−0.007
N3	−0.002	0.002	0.000	0.000
N4	0.006	−0.007	0.000	0.000

じつは，ビッグファイブを測定するためにコスタとマックレー（1992）が開発した **NEO-PI-R** は，各 5 因子にそれぞれ 6 つの下位次元を設定しています。日本でも，5 因子それぞれが 6 つの下位次元をもつ **5 因子性格検査 FFPQ** を，FFPQ 研究会（1998）が発表しています。第 1 章と第 2 章で使用している R の組み込みデータ bfi は，全部で 25 項目しかないので，6 つの下位次元を網羅しているわけではありません。しかし，図 2-3 のように下位次元を考慮したケースのほうが，「神経質傾向」因子に関しては圧倒的に適合度が良くなりました。このことは，bfi データも各因子が下位次元をもつことを示唆しています。

[*13]　適合度全般については，豊田（2003）に解説があります。
[*14]　2.6 節では，残差行列を利用してモデルの修正を行います。

2.6 残差の利用

2.6.1 モデル改善

前節では，適合度の悪かった1因子モデルを改良して2因子モデルにすることで，適合度が改善しました。では，モデルの適合を良くするためには，一般にどうすればよいでしょうか。これには2つの方法があります。1つは，心理学的理論に基づいて改良する方法です。たとえば，N1～N4の項目内容が単一の「神経質傾向」ではなく，下位次元が存在することを，項目内容やビッグファイブに関する知見から判断するというものです。

もう1つは，統計学的な方法です。表2-5の残差行列を見ると，N3とN4の共分散に関する残差（0.384）が相対的に大きいことがわかります。適合度は，Sと推定されたΣの差を基礎としているので，N3とN4の共分散がモデルでうまく説明できていないために，適合度が悪くなっていると考えられます。逆に，表2-7ではN3とN4の残差が0になっており，2因子モデルではN3とN4の共分散がうまく説明できています。

N3とN4の共分散がうまく説明できていない場合にまず思いつく改善策は，図2-5のように，N3の誤差とN4の誤差の間に双方向パス[*15]を仮定することでしょう。これはe3とe4の誤差間共分散を意味します。誤差間共分散を仮定すると，N3とN4の共分散は［2-⑥］式のようになります。

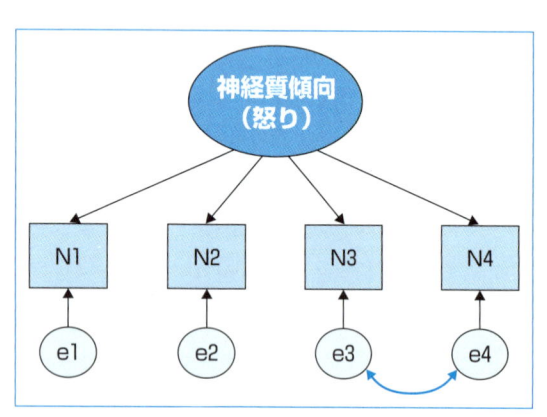

図2-5　誤差間共分散を加えた1因子4変数の確認的因子分析

$$\text{N3とN4の共分散} = \text{N3の負荷量} \times \text{N4の負荷量} + \text{e3とe4の誤差間共分散} \qquad [2\text{-}⑥]$$

1因子モデルでは，［2-⑦］式のようになっていました。

$$\text{N3とN4の共分散} = \text{N3の負荷量} \times \text{N4の負荷量} \qquad [2\text{-}⑦]$$

---

*15　双方向パスを引く2変数の分散がともに1の場合，双方向パスは相関を表します。それ以外の場合，双方向パスは共分散を表します。なお，後述する標準化推定値を求めた場合，双方向パスは相関になります。

すなわち図 2-5 のモデルでは、「N3 と N4 の誤差間共分散」が加わったことになります。これにより、N3 と N4 の共分散の説明力が高くなるのです。

2.6.2 誤差間共分散の意味

SEM では、しばしば誤差間共分散を仮定することがあります。そうすることで適合度が高くなります。しかし、適合度を高めるだけの理由で誤差間共分散を仮定することは、避けなければいけません。なぜなら、SEM のパス図が表しているのは、現象に対する分析者の仮説なので、誤差間共分散にも意味が与えられていなければならないのです。無理に投入した誤差間共分散には、意味づけができないかもしれません。そして、その場合には、推定値の解釈ができなくなってしまうでしょう。解釈のできない分析結果は、心理学にとって有意義なものとはいえません。

図 2-5 の誤差間共分散についてはどうでしょうか。この共分散には意味づけを行うことが可能です。N1〜N4 は、すべて「神経質傾向」因子を測定するための観測変数ですが、4 つは等質ではなく、N3 と N4 は、N1 と N2 とはやや異なった概念を測定しています。具体的には、N3 と N4 は、図 2-3 の適合度が良いことからうかがえるように、「抑うつ・気分変調」を表しています。一方、N1 と N2 は「怒り」を表しています。したがって、図 2-5 の N3 と N4 は「神経質傾向」因子だけでは説明できず、説明できない誤差どうしに関係性があると考えられます。

じつは、図 2-3 の適合度と図 2-5 の適合度は、全く同じになります。自由度も同じで、1 になります。適合度が等しくなる理由は、次のように考えてみるとわかりやすいでしょう。まず、図 2-3 では、N1 と N2 の共分散は「怒り」因子で完全に説明でき、N3 と N4 の共分散は「抑うつ・気分変調」因子で完全に説明できます。

そして、図 2-5 では、N1 と N2 の共分散は因子で完全に説明できるので、この因子は「神経質傾向」というよりは、「怒り」因子になります。しかし、図 2-5 の「怒り」因子では、N3 と N4 の共分散が十分に説明できないので、誤差間共分散で残りの部分が説明されます。図 2-5 では、因子を「怒り」とした場合に説明できない N3 と N4 の共分散を、誤差間共分散が説明しているのです。したがって、2 つのモデルはともに、N1 と N2 の共分散と、N3 と N4 の共分散を完全に説明できるので、適合度は等しくなります。適合度が同じならば、解釈がしやすいのは図 2-3 の 2 因子モデルでしょう。性質の異なる 2 変数どうしがそれぞれ別の因子で説明されるというのは、スムーズに理解することができます。

本節のように、残差行列の大きな部分を見つけてモデル改善を行う方法は、観測変数の数が増えると非常にやっかいです。このため、SEM のソフトウェアでは、修正指標という出力を求めることが可能です。これは、パスや共分散を加えることで、χ^2 値が大きく減少する 2 変数の組を教えてくれるものです。図 2-2 のモデルで修正指標を求めると、e1 と e2 の誤差間共分散や、e3 と e4 の誤差間共分散が、候補として挙がります[*16]。ただし、修正指標として提案されたパスや共分散を、やみくもに入れてはいけません。先述したように、意味のあるパスや共

分散である必要があるからです。

2.6.3 まとめ

本節では，モデルの適合を良くするための方法として，心理学的理論に基づく方法と，統計的な結果に基づく方法の2つを述べました。しかし，両者のうちのどちらかだけに基づいていればよい，というものではありません。心理学的理論に基づいていたとしても，結果的に適合度が悪いのであれば，それは分析者の思い込みにすぎないかもしれません。統計的な結果を無視することはできません。逆に，統計的な結果に基づいていたとしても，解釈が不可能であれば，心理学に対する貢献はあまりありません。モデル改善は，2つの方法を両目で見ながら行う必要があるのです。

2.7 倹約的指標

先に挙げた適合度指標のうち，AIC，RMSEA[*17]は倹約的指標といいます。たとえば，AICは以下のように計算します。

$$\text{AIC} = \chi^2 \text{値} + 2 \times \text{母数の数} \qquad [2\text{-}⑧]$$

表2-6のAICも，この式に従って求まっていることが確認できます。「χ^2値＋2×母数の数」のうち，χ^2値は先に述べたように，データに対するモデルの当てはまりそのものでした。小さいほど，当てはまりが良いといえます。AICはこれに，母数の数の2倍が加わっています。

一般に，母数を増やせばデータをより説明できるようになるので，χ^2値は小さくなります。しかし，母数の中には，χ^2値を減らすことに大きく貢献するものもあれば，あまり貢献しないものもあります。χ^2値が小さいほど当てはまりが良いことを考えれば，χ^2値を大きく減らす母数であるほど，モデルの中で重要であるといえます。そこでAICは，χ^2値に2×母数の数を加えることで，無駄な母数が増えても小さくならないようになっています。計算式からわかるように，1つ母数を入れたことでχ^2値が2以上小さくならなければ，AICは大きくなってしまいます。AICの考え方は，「χ^2値が2以上小さくなる母数のみ重要」というものです。

このように，「無駄な母数は節約すべきである」という考え方に則った適合度指標を，**倹約的指標**と呼びます。無駄な母数は節約すべきであるというのは，母集団と標本の問題と関係があります。「データに対するモデルの当てはまり」といったとき，データが指し示すものが標本の場合には，「目の前にあるデータに対するモデルの当てはまり」を指しています。このとき，適

---

*16 N1とN2の誤差間共分散を仮定する場合には，因子が「抑うつ・気分変調」になり，その因子では説明できないN1とN2の誤差どうしの共分散を，誤差間共分散が説明することになります。このモデルの適合度も，図2-3や図2-5と同じです。

*17 RMSEAについては，レーリン（2004）や豊田（2003）に詳しい説明があります。

合度指標としては，たとえば χ^2 値や GFI が相当します。SRMR もそうであり，残差を標準化した値の平均的な大きさに相当します。

一方，データが指し示すものが母集団のときには，「目の前にあるデータが抽出された母集団に対する，モデルの当てはまり」を指しています。つまり，たまたま得られたデータではなく，母集団に対して当てはまっているか否かが重要であり，そのためには「χ^2 値を少ししか減少させないような無駄な母数はモデルに含めない」という考え方を，倹約的指標はしているのです。χ^2 値を少ししか減少させない母数は，目の前のデータの細かな変動を説明するにすぎないからです。先ほど，AIC は「将来の予測の観点から適合度をとらえた指標」であると説明しました。これは，AIC が母集団に対する当てはまりの良さ，という視点をもっているからです。このような倹約的考え方の原点は，14 世紀の哲学者ウィリアム・オッカムによる「オッカムの剃刀の原理」までさかのぼることができます。

図 2-6 は，AIC の考え方を示しています。あるモデル A があり，これをデータに当てはめた結果，モデルの母数によって図 2-6 の楕円の右半分を説明しています。残った左側を説明するための母数の候補として，3 つが挙がっています。母数を星で表しています。残った左側を最も説明できる母数は，六芒星で示されているものです。AIC は，χ^2 値を 2 以上減らすことができる（ここでは，4 減らすことができる），六芒星が示している母数をモデルに含めよう，という考え方をもった指標です[*18]。

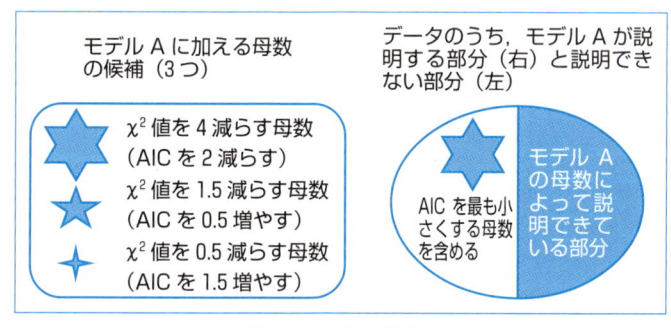

図 2-6　AIC の考え方

2.8　多因子の確認的因子分析

確認的因子分析は 1 因子，2 因子に限らず，より多くの因子数で分析を行うことが可能です。

[*18] どの星（母数）をモデルに加えたとしても，母数の数は 1 つ増えます。したがって，六芒星の母数は AIC を 2 減らし（$-4+2\times1=-2$），五芒星の母数は AIC を 0.5 増やし（$-1.5+2\times1=0.5$），四芒星の母数は AIC を 1.5 増やします（$-0.5+2\times1=1.5$）。AIC について興味がある読者は，久保（2012）をご覧ください。

2.8.1 多因子モデルの適合度

ビッグファイブの中からA, C, Nに関する11変数を使って, 3因子の確認的因子分析を行った結果が図2-7です。このモデルは, RMSEA = 0.060, CFI = 0.943, SRMR = 0.046であり, 適合の良いモデルといえます。RMSEAは0.05を上回ってはいるものの, フーとベントラー (1999) では, RMSEAが0.06以下かつSRMRが0.08以下ならば, 良いモデルであるという基準を示しています。なお, 図2-7では見やすさのための誤差の丸を描かずに, パスの下側に誤差分散を示しています。また, 誤差からの係数と因子の分散は1に固定していますが, これも示していません。

ビッグファイブの5因子25変数の結果を示さなかったのは, RMSEA = 0.078, CFI = 0.780, SRMR = 0.076であり, 5因子モデルの適合度が良くなかったからです。5因子モデルの適合度が悪い原因は, 5因子それぞれに下位因子が含まれているからです。それならば, 観測変数の上に「衝動性」などの下位因子を置き, さらにその上に因子 (A, C, E, N, O) を置いたモデル (高次因子分析モデルと呼び, 次章で登場します) で分析すればよいのではないか, と思うかもしれません。しかし, 各因子について5つの観測変数しかないときに高次因子を仮定するのは, 推定が非常に難しくなります。実際, モデルの推定はうまくいきませんでした。そこで, ここでは3因子にしたうえで, 各因子が単一の構成概念を示すように観測変数の削除を行った結果, 図2-7のモデルになりました。

2.8.2 逆転項目と因子負荷量

図2-7について, 詳しく見ていきましょう。因子負荷量を見ると, 正の値と負の値があることがわかります。たとえば「調和性A」では, A1には負の因子負荷量, その他には正の因子負

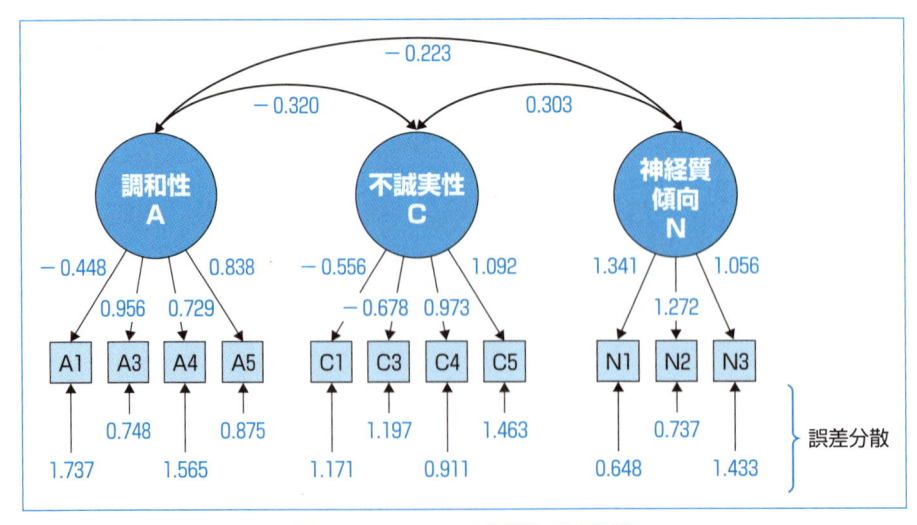

図2-7 A, C, Nの確認的因子分析

荷量が推定されています。これは，3ページの表 1-1 を見返してみると理由がわかります。A1 の項目内容「他人に関心がない」であり，この観測変数の値が高いほど調和性は低いはずです。逆に，A3～A5 は項目内容から判断すると，それらの観測変数の値が高いほど調和性は高いはずです。実際，A1 と A3～A5 との相関係数は −0.263，−0.144，−0.186 であり，すべて負になっています。したがって，A1 は，A3～A5 とは逆の方向を向いているといえます。

　第 1 章で述べたように，このような項目のことを**逆転項目**と呼び，正の方向を向いている項目との相関係数が負になることに加え，因子負荷量も負になります。「調和性 A」から A1 への因子負荷量 −0.448 は，調和性因子得点が 1 大きい人は，A1 が平均的に −0.448 低いと解釈できるので，項目内容からしても納得できる結果といえます。

　また，2 つめの因子の名前にも注目してください。「誠実性」ではなく「不誠実性」となっています。これはなぜでしょうか。この理由にも，逆転項目がかかわっています。再び表 1-1 に戻り，因子 C の項目内容を確認してみましょう。因子負荷量が負の C1 と C3 は誠実性を，因子負荷量が正の C4 と C5 は誠実性とは逆のことを尋ねる内容になっています。したがって，因子 C の値が高いほど観測変数 C1 と C2 の値が低く，観測変数 C4，C5 の値が高くなるためには，因子 C は不誠実性でなくてはならないのです。

　1.3 節で述べたように，正の方向の項目内容にしづらい場合や，1 つ 1 つの項目内容をよく読んで回答してもらうことで質の高いデータを得たい場合に，逆転項目を含めることがあります。ここでは，逆転項目をデータ解析でもそのまま扱っていますが，逆転項目を正の方向に変換したうえで用いることも，よく行われます。以下の変換を施せば，正の方向にすることができます。

> **−1 × 観測変数の値 ＋ カテゴリ数 ＋ 1 ＝ 正の方向への変換後の値**

　この 25 変数は 1～6 点までの 6 件法で測定されていますので，たとえば 1 点の人は，−1×1+6+1＝6 となり，逆に 6 点の人は −1×6+6+1＝1 となり，得点が逆になります。このようにして逆転項目の処理を行えば，正の方向を向いている観測変数との相関は正になり，因子負荷量も正になります。つまり，因子 C の因子負荷量は 0.556，0678，0.973，1.092 となり，すべて正の方向を向きます。このとき，因子 C は誠実性となります。

　因子 A についても，逆転項目 A1 に処理を行えば，A1 の因子負荷量は 0.448 となります。ただし，因子 A は，もともと正の方向を向いている項目への因子負荷量が正だったので，因子名は調和性のままです。逆転項目が含まれていると複雑に思うかもしれませんが，因子名を決めるときには，正の因子負荷量をもつ項目が向いている方向について考えればよい，と理解してください。

　因子の向きの問題は，因子間相関にも反映されます。たとえば，「調和性」と「不誠実性」との因子間相関は −0.320 となっていますが，因子 C について，逆転項目の処理を行って「不誠

実性」が「誠実性」となったときには，因子間相関は 0.320 となります。このように，実際に確認的因子分析の結果を示すときには，逆転処理を施したほうが，因子の性質や因子間相関の解釈がわかりやすくなります。しかし，どの項目が逆転項目なのかを明らかにする意味で，逆転項目はそのままにしておくこともあります。

2.9 標準化パス係数

2.9.1 因子負荷量とパス係数

　探索的・確認的のいずれも，因子分析を行った結果から，因子負荷量の低い項目を削除することがあります。因子負荷量が低いということは，「構成概念をあまり反映していない項目」といえるからです。逆に，因子負荷量の大きな項目は，構成概念をよく反映していると考えられます。また，特に探索的因子分析では，因子負荷量の大きさから因子名を定めます。

　図 2-8 は，N1～N4 までの確認的因子分析の結果を示したものです。カッコ内に示した因子負荷量は，図 2-2（図 2-4）と同じです（**非標準化推定値**といいます）。それでは，図 2-8 のカッコ内に示された因子負荷量を使って，項目の削除，項目の吟味，因子名の決定，を行うことができるでしょうか。これは基本的には難しい作業です。それは，因子負荷量の大きさは，そのパスの前後の変数の分散の大きさによって変化するからです。これを理解するためには，単位の定まった変数で説明をしたほうがわかりやすいので，2 つの観測変数「年齢」と「身長」について考えてみましょう。そして，因子分析ではなく，図 2-9 のように単回帰分析で考えてみます。

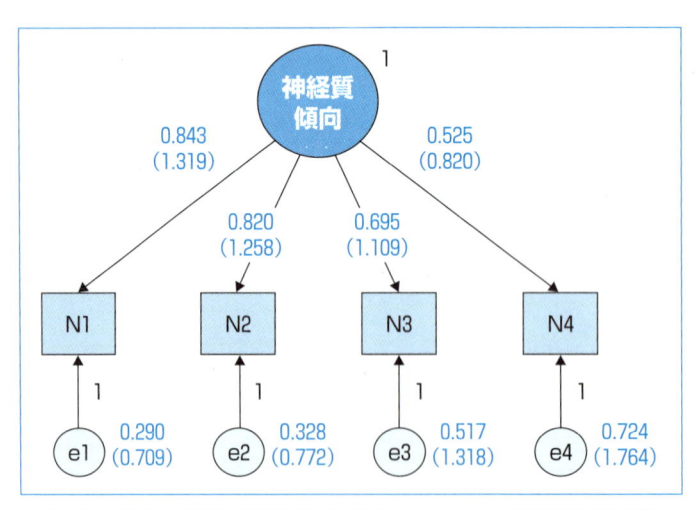

図 2-8　1 因子 4 変数の確認的因子分析（カッコ内は非標準化推定値）

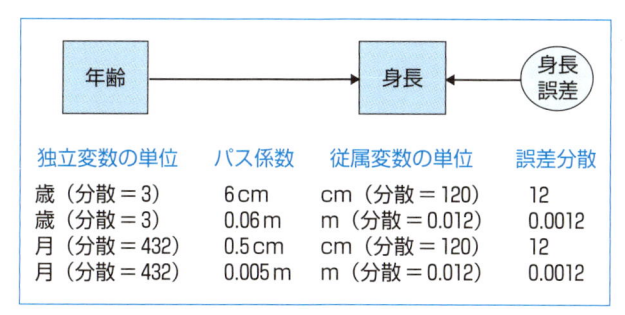

独立変数の単位	パス係数	従属変数の単位	誤差分散
歳（分散＝3）	6 cm	cm（分散＝120）	12
歳（分散＝3）	0.06 m	m（分散＝0.012）	0.0012
月（分散＝432）	0.5 cm	cm（分散＝120）	12
月（分散＝432）	0.005 m	m（分散＝0.012）	0.0012

図 2-9　単位変換によるパス係数の変化

2.9.2　変数の単位とパス係数

　独立変数を「年齢」，従属変数を「身長」として，小学生男子からデータを得ることを考えます。小学生男子の身長は 1 年に 6 cm 程度伸びるので，パス係数（回帰係数）を 6 cm とします。年齢の単位を「歳」，身長の単位を「cm」として，それぞれの分散を 3 と 120 とします。このとき身長の分散は，「パス係数^2×年齢の分散＋誤差分散」なので，誤差分散は $120-6^2×3=12$ となります。

　ここからが問題です。従属変数の単位を「cm」から「m」に変更すると，どうなるでしょうか。従属変数の値は 1/100 倍になります。それに伴い，パス係数も 1/100 倍されます。6 cm は 0.06 m に相当するからです。そして，従属変数の分散は小さくなります。なぜなら，身長を m で測定した場合には，身長の値は 1.4 m，1.5 m など同じような数字ばかりになるからです。変数の単位を a 倍すると，その変数の分散は a^2 倍になりますから，具体的には，cm の場合の分散を $(1/100)^2=1/10000$ 倍した 0.012 になります。また，$0.012-0.06^2×3=0.0012$ という計算によって，誤差分散も 1/10000 倍になります。

　逆に，独立変数の単位を変更するとどうなるでしょうか。ここでは，「歳」を「月」に変更してみます。独立変数の値は 12 倍されます。すると，パス係数は，「1 カ月年上の場合に何 cm 身長が高いでしょうか」という話になるので，$6 cm/12=0.5 cm$ になります。独立変数の分散は $12^2=144$ 倍されて 432 になります。また，$120-0.5^2×432=12$ という計算によって，誤差分散は独立変数の単位を変更しても同じ値になります。さらに，独立変数の単位と従属変数の単位をともに変更した結果が，図 2-9 の最下部に示されています。

　重要なポイントは，観測変数の単位を変更して従属変数の分散を大きく（小さく）すると，パス係数は大きく（小さく）なるということです。また，独立変数の分散を大きく（小さく）すると，パス係数は小さく（大きく）なるということです。したがって，パス係数の大きさは，独立変数と従属変数の単位（あるいは分散）に依存しています。一方で，パス係数の大きさは，独立変数と従属変数の関係の実質的な大きさによって決まる部分も，当然あります。

　このことは，因子分析でも同じです。図 2-8 では，4 つのパスの独立変数は同じ（神経質傾向因子）ですが，従属変数（独立変数）は異なります。N1～N4 の分散は，表 2-3 より，それ

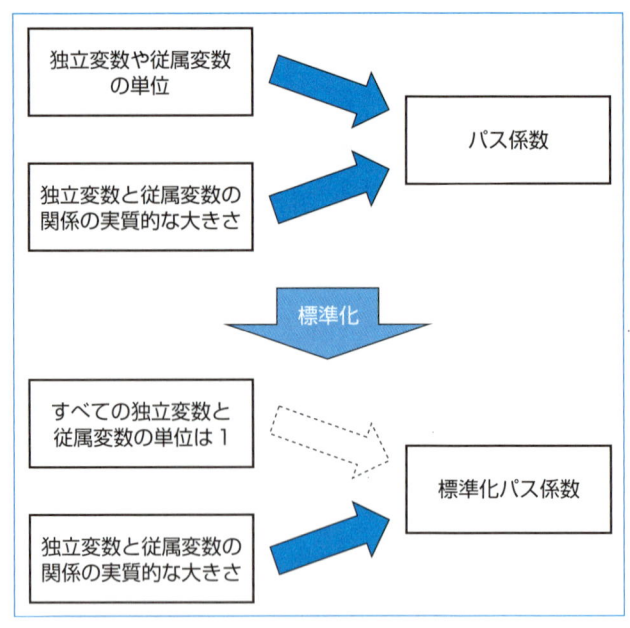

図 2-10 パス係数の大きさの原因

それ 2.448, 2.355, 2.548, 2.435 で若干異なりますので，その影響によってパス係数の値も異なっています。一方で，因子と観測変数の関係の実質的な大きさも，パス係数には影響します。これを示したのが図 2-10 上です。

2.9.3 標準化パス係数とパス係数

標準化パス係数とは，当該パスに関する独立変数と従属変数の分散を「1」にしたときの，パス係数のことです。分散を「1」にして，独立変数と従属変数の単位を統一することで，パス係数に対する影響のうち，分散の影響も統一することになります（図 2-10 下）。図 2-8 のカッコの上に示されている数値が，標準化パス係数です。これを見れば，どの観測変数に対する因子負荷量が最も大きいのかわかります。ここでは，N1 に対する影響が最も大きいようです。つまり，神経質傾向因子は N1 の内容を最も反映しているということです。

従属変数の分散を大きくするとパス係数は大きくなり，独立変数の分散を大きくするとパス係数は小さくなることから，標準化は以下の式によって行います。

$$標準化パス係数 = パス係数 \times \frac{独立変数の標準偏差}{従属変数の標準偏差} \qquad [2\text{-}⑨]$$

たとえば，図 2-8 の N1（従属変数）の標準偏差は 1.565 になります。因子（独立変数）の分散が 1 なので，N1 への因子負荷量は標準化すると，以下のようになります。

$$1.319 \times \frac{1}{1.565} = 0.843$$

また，図 2-9 の年齢から身長への標準化パス係数は，以下のとおり，4 つ場合すべてで一致します。

$$6 \times \frac{\sqrt{3}}{\sqrt{120}} = 0.06 \times \frac{\sqrt{3}}{\sqrt{0.012}} = 0.5 \times \frac{\sqrt{432}}{\sqrt{120}} = 0.005 \times \frac{\sqrt{432}}{\sqrt{0.012}} = 0.949$$
[標準化パス係数]

2.9.4　非標準化パス係数

独立変数と従属変数の単位が元の変数のままの場合の推定値を，**非標準化パス係数**と呼びます。あるいは単にパス係数といいます。図 2-8 のカッコ内に示されている数値です。非標準化パス係数どうしを比べて，どちらのほうが実質的に大きいといえるのかを判断することは困難です。非標準化パス係数は，図 2-9 で見たように，変数の単位に依存した解釈が可能です。しかしながら，心理学では多くの場合，変数に対して明確な単位をつけることは困難なので，非標準化パス係数を解釈することはあまりありません。年齢・学年・時間・日数・テストの得点など単位のある変数を扱う場合に限られるでしょう。

なお，この例では母数がパス係数だったので，標準化した値は標準化パス係数でした。母数が共分散ならば，標準化した値は相関です。一般に，標準化前の推定値を**非標準化推定値**，標準化後の推定値を**標準化推定値**と呼びます[19]。前者のパス係数は，標準化前の単位で独立変数が 1 大きいときに従属変数がどれだけ大きいか，後者のパス係数は，標準化後の単位で独立変数が 1 大きいときに従属変数がどれだけ大きいか，をそれぞれ表しています。

2.10　因子得点（因子の特性）

先に 1.1 節で，特性論は，「パーソナリティの違いは個人のもっている社交性や協調性などの程度に表れる」，とする考え方であると述べました。そして，パーソナリティを測定するための統計手法が因子分析だったわけです。しかし，因子分析の結果の何が，各人のパーソナリティを表しているのでしょうか。それは**因子得点**です。因子得点は，因子負荷量のように推定して求めます。第 1 章で述べたように，「推定する」というのは，データを使って推し量ることを意

---

[19] 本書では，SEM の説明を行う際，主として非標準化推定値を使っています。ただし，非標準化推定値で説明すると複雑になってしまう場合には，標準化推定値を使っています。

味します。したがって，各個人の真の因子得点と因子得点の推定値は，異なる値だということに注意が必要です。

2.10.1 因子得点と合計得点

表2-8に，「調和性」因子（A）と「神経質傾向」因子（N）の因子得点と合計得点を，それぞれ10人分ずつ示しました。因子得点は，詳しい説明は省きますが，**回帰法**という方法で求めています。この場合の因子得点は各人の「神経質傾向」を表していますから，因子得点が高いほど合計得点も高いはずです。実際に相関係数を計算すると，表2-9に示したように，A因子の場合に0.856，N因子の場合に0.969となりました。合計得点との相関が極めて高いことがわかります。表2-8を再度見てみると，たとえば，A因子得点の高い5番めや6番めの人は合計得点も高く，因子得点の低い2番めや4番めの人は，合計得点も低いことがわかります。

表2-8 AとNの因子得点・合計得点

ID	Aの因子得点	Nの因子得点	Aの合計得点	Nの合計得点
1	0.329	0.092	28	15
2	−2.418	0.840	14	21
3	0.028	−0.060	24	15
4	−1.914	−0.300	14	13
5	0.925	−0.874	23	10
6	0.587	0.861	24	24
7	0.284	−0.641	25	10
8	0.718	−0.847	20	9
9	−0.765	0.112	17	16
10	−1.173	−0.448	16	14

表2-9 AとNの相関係数

	Aの因子得点	Nの因子得点	Aの合計得点	Nの合計得点
Aの因子得点	1.000	−0.237	0.856	−0.204
Nの因子得点	−0.237	1.000	−0.144	0.969
Aの合計得点	0.856	−0.144	1.000	−0.127
Nの合計得点	−0.204	0.969	−0.127	1.000

ここまで高い相関をもつのであれば，わざわざ因子得点を推定しなくても，合計得点で十分なように思えます。では，因子得点と合計得点の違いは何でしょうか。それを示しているのが，表2-9の因子得点どうしの相関と，合計得点どうしの相関の違いです。AとNの間の相関は，前者の場合に−0.237，後者の場合に−0.127となっています。因子得点どうしの相関のほうが，絶対値が大きくなっています。

この理由を説明します。因子分析のパス図を見ればわかるように，因子分析における因子は，誤差と分離されています。一方，合計得点は，観測変数の値の合計です。因子分析のモデルは，

以下の［2-⑩］式のように，観測変数が因子と誤差によって説明されることを表していますから，観測変数には誤差が含まれています。

$$\boxed{観測変数} = 因子負荷量 \times \boxed{因子得点} + \boxed{誤差} \quad [2\text{-}⑩]$$

したがって，合計得点にも誤差が含まれています。誤差はランダムな作用を及ぼすので，合計得点間の相関は，それによって絶対値が小さい値になってしまいます。この現象を**希薄化**といいます。その点，因子得点間の相関は，誤差を除外したうえでの構成概念間の相関なので，合計得点間の相関よりは絶対値が大きくなります。

なお，因子得点の推定方法には，さまざまなものがあります。したがって，−0.237 という値は，回帰法を用いた場合の相関にすぎません。また，因子間相関を推定する場合，因子得点間の相関ではなく，一般的には図 2-7 のように多因子の確認的因子分析モデルを用います。A 因子と N 因子の間で 2 因子の確認的因子分析を行い，因子間相関を求めたところ，−0.199 になりました。合計得点間の相関よりは絶対値が大きい値になっています。

2.10.2 類型論と因子分析

本章の最後に，類型論の観点から，因子分析結果を考えてみましょう。これは，因子得点の大きさによって，神経質傾向の高群・低群などと，個人を群分けすることを表しています。5 教科のテストデータでいえば，文系因子得点と理系因子得点のどちらのほうが大きいのかによって，文系・理系という 2 つのカテゴリーに分類することを表しています。各人の文系能力や理系能力はさまざまであったとしても，各人を文系または理系として 2 分する考え方が，類型論です。

図 2-11 は，A と N の因子得点の散布図です。たとえば，各因子得点の平均付近で区切れば，散布図は 4 分割され，4 つの類型が出来上がります。しかし，各 4 領域内では，個人差があります。類型論的視点は，わかりやすい反面，この個人差を見逃してしまっています。小塩 (2010) は個人差を，特性論は間隔尺度の変数で，類型論は名

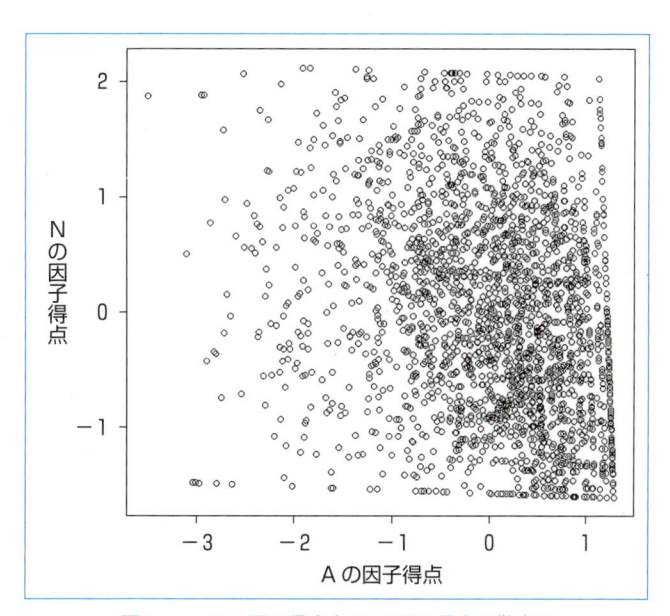

図 2-11　A の因子得点と N の因子得点の散布図

義尺度の変数でとらえる，としています。なお，1.1 節で，「ビッグファイブ理論では，各個人の5つの特性 N，E，O，A，C についてそれぞれ数値を割り当てていきます。これは，各個人を5次元空間内のどこかに位置づけることと同じです」と，やや難しい言い方をしましたが，図 2-11 を見ればこの意味がわかるのではないでしょうか。図 2-11 は，A と N の 2 因子を使って，2次元平面内のどこかの点に各個人を置いています。5因子すべてを使って散布図を描こうとすれば，（描くことはできませんが）5次元空間内に置くことになるのです。

【文献】

Costa, P. T. Jr., & McCrae, R .R.（1992）. *Revised NEO Personality Inventory（NEO-PI-R）and NEO Five-Factor Inventory（NEO-FFI）*：*Professional Manual*. Odessa：Psychological Assessment Resouces.

FFPQ 研究会／代表：辻平次郎（1998）. FFPQ（5 因子性格検査）. 北大路書房

Hu, L. & Bentler, P. M.（1999）. Cutoff criteria for fit indexes in covariance structure analysis：Conventional criteria versus new alternatives. *Structural Equation Modeling*, **6**, 1-55.

Loehlin, J. C.（2004）. *Latent Variable Models*（4th ed.）. Mahwah：Lawrence Erlbaum Associates.

中村健太郎（2012）. 最尤推定法. 豊田秀樹編著　共分散構造分析：構造方程式モデリング［数理編］. 朝倉書店 pp.1-12.

小塩真司（2010）. はじめて学ぶパーソナリティ心理学. ミネルヴァ書房

豊田秀樹（1998）. 共分散構造分析：構造方程式モデリング［入門編］. 朝倉書店

豊田秀樹（2012）. 因子分析入門. 東京図書

豊田秀樹（2003）. 共分散構造分析：構造方程式モデリング［疑問編］. 朝倉書店

Quiz

理解できたかチェックしてみよう！

問 1：1 因子 5 変数の確認的因子分析モデルの自由度が，5 になることを示してください。

問 2：3 因子の確認的因子分析で，それぞれの因子を測定する観測変数が 4 つずつあるとします。因子間には相関を仮定します。このときのモデルの自由度を計算してください。

問 3：表 1-1 の E 因子には，下位因子が含まれるでしょうか。E 因子の 5 変数に関して最適なモデルを，心理学の理論や適合度の観点から探ってください。

問 4：N2 の標準偏差が 1.535 であることを利用して，図 2-8 で N2 への因子負荷量が標準化した場合に，0.820 になることを示してください。

問 5：図 2-9 で身長の単位を mm とすると，年齢から身長へのパス係数と誤差分散はいくつになるでしょうか。年齢の単位を歳としたときと，月としたときとで答えてください。

第3章 知能の構造を探る ——高次因子分析と復習

3.1 知能と因子分析

　歴史的に因子分析は，知能を測定するための道具として発展してきました。イギリスの心理学者で統計学者でもある**スピアマン**は，知能を測定するための複数の課題（図形の異同や計算問題などを思い浮かべてください。これが，統計学では観測変数になります）の背後に，一般知能という構成概念があり，各課題に固有の要因として，特殊知能があると述べました。そして，スピアマンは**一般知能を g**（general の頭文字），**特殊知能を s**（specific の頭文字）で表しました。

　図 3-1 を見てください。これは，10 個の知能検査課題を想定した場合の，スピアマンの知能モデルを表しています。これは，1 因子の因子分析そのものです（因子分析はスピアマンによって提案されました）。つまり，g が因子，各 s が誤差を表しています。知能検査では，ある課題に対して良い得点を取るような人は，別の課題についても良い得点を取り，逆にある課題に対して芳しくない得点を取るような人は，別の課題についても良い得点を取ることができない傾向があります。したがって，各課題間には正の相関が生まれます。このことからスピアマンは，それらの課題の背後に一般知能（どのような課題でも一般的に必要とされる知能）が存在することを提唱しました。

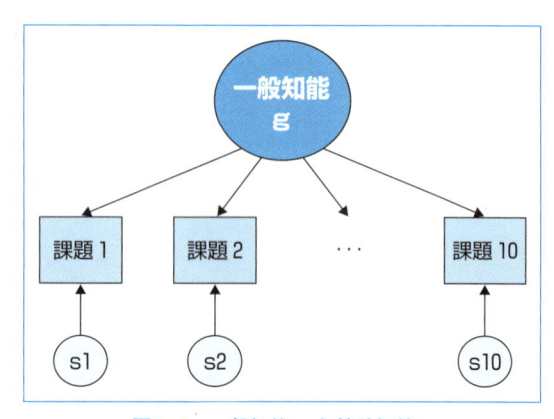

図 3-1　一般知能 g と特殊知能 s

　しかし，各課題の得点は，一般知能だけですべてを説明できるわけではありません。たとえば，図形の異同課題には，一般知能に加え，その課題固有の空間認知能力も必要とされるでしょう。これが特殊知能であり，因子分析では誤差に相当します。ビッグファイブでは，たとえば N 因子では説明しきれない観測変数 N1 の部分を，N1 の誤差としましたが，知能でも同じ

ことです[*20]。

　知能に関するモデルは1因子ばかりではありません。アメリカの心理学者で統計学者でもあるサーストンは，56の知能検査課題を用いて7つの因子を見出しました。それらは，言語・数・空間関係・記憶・推理・知覚速度・語の流暢さです。サーストンが用いたのは，本書で説明している確認的因子分析ではなく，探索的因子分析です。サーストンは**因子軸の回転**という操作を行って，7因子を抽出しました。

　このように，知能の数や知能の構造に関する興味が，因子分析の発展につながったのです。ちなみに，因子分析が最初に使われたのは知能研究の分野でしたが，性格検査で初めて使用したのは，アメリカ人の心理学者**キャッテル**でした。キャッテルは**16 PF**というパーソナリティ検査尺度を開発しました。

3.2　高次因子分析

　知能の次元数はいくつなのか，そしてどのような構造をもっているのか。これらについては，定まった見解はありません。しかしながら，スピアマンが提唱したような一般知能 g の存在については，統計学的にある程度の了解が得られています。つまり，知能は複数の次元をもちつつも全体としては1つであるというわけです。高次因子分析を使えば，一見すると矛盾したこの考え方をうまく表現することができます。図 3-2 は，R の library MBESS に含まれる HS.data に対する確認的因子分析の結果のうち，因子間相関（カッコ内は因子間共分散）のみを示しています。

　HS.data は，5つの下位領域（空間認識・言語・速さ・記憶・数学力）をもつ知能検査デー

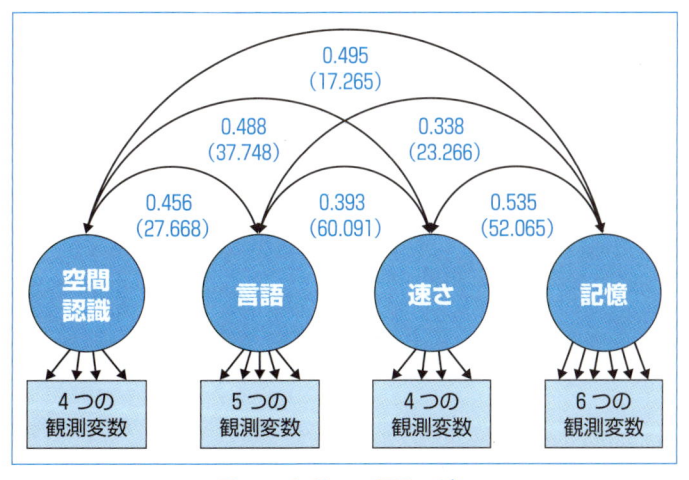

図 3-2　知能の4因子モデル

---

*20　因子分析の誤差には，測定誤差も含まれます。

表 3-1　知能検査データの 2 次因子分析

因子	観測変数	非標準化推定値		標準化推定値	
		因子負荷	誤差分散	因子負荷	誤差分散
空間認識	視覚	1（固定）	21.905	0.744	0.446
	立方体	0.395	17.946	0.437	0.809
	回転図形	0.265	6.101	0.488	0.762
	ひし形	1.067	50.971	0.614	0.623
言語	一般情報	1（固定）	45.376	0.839	0.295
	パラグラフ理解	0.275	3.995	0.820	0.328
	文章理解	0.430	6.642	0.866	0.249
	単語の分類	0.404	14.532	0.741	0.451
	単語の意味	0.626	16.478	0.848	0.280
速さ	足し算	1（固定）	414.822	0.581	0.663
	記号	0.776	118.465	0.719	0.482
	数え上げ	0.878	247.172	0.630	0.603
	直線と曲線	1.705	708.417	0.682	0.536
記憶	単語認識	1（固定）	87.789	0.581	0.663
	再認数	0.592	43.808	0.513	0.737
	図形認識	0.695	36.863	0.607	0.631
	物体数	0.403	16.885	0.548	0.700
	数と図形	0.368	14.228	0.546	0.702
	図形と単語	0.281	13.262	0.458	0.791
2 次因子	1 次因子	因子負荷	誤差分散	因子負荷	誤差分散
一般知能	空間認識	3.826	12.905	0.734	0.461
	言語	5.786	74.716	0.556	0.691
	速さ	10.389	103.362	0.715	0.489
	記憶	4.590	23.567	0.687	0.528

タですが，ここでは図の見やすさのために，「数学力」以外の 4 領域を測定する観測変数を使って分析を行いました．各因子を測定する観測変数の内容を，表 3-1 に示しています．図 3-2 には誤差を示していませんが，表 3-1 のように，「空間認識」因子には 4 つ，「言語」因子には 5 つ，「速さ」因子には 4 つ，「記憶」因子には 6 つの観測変数があるので，同数の誤差があると考えてください．

　図 3-2 のポイントは，因子間の双方向パスで示されている 4 領域間の相関が，いずれも中程度の大きさをもっていることです[*21]．1.3 節では，観測変数間の相関関係をまとめるものとして，因子を導入するという考え方を示しました．ここでは，「空間認識」「言語」「速さ」「記憶」の 4 因子間に相関があるので，4 因子をまとめる高次因子を想定することができます．そして，その高次因子こそが，「一般知能」なのです．これは，知能が 4 つの下位領域をもっていたとしても，図 3-3 のように，すべての領域に対して一般知能が影響を与えているということです．

[*21] 図 3-2 のカッコ内は共分散です．このモデルは，因子の分散を 1 に固定するのではなく，因子負荷量のうちの 1 つを 1 に固定して分析しているので（これについては後述します），推定された双方向パスは共分散を表します．それを相関に変換した値が，カッコの上の数字です．

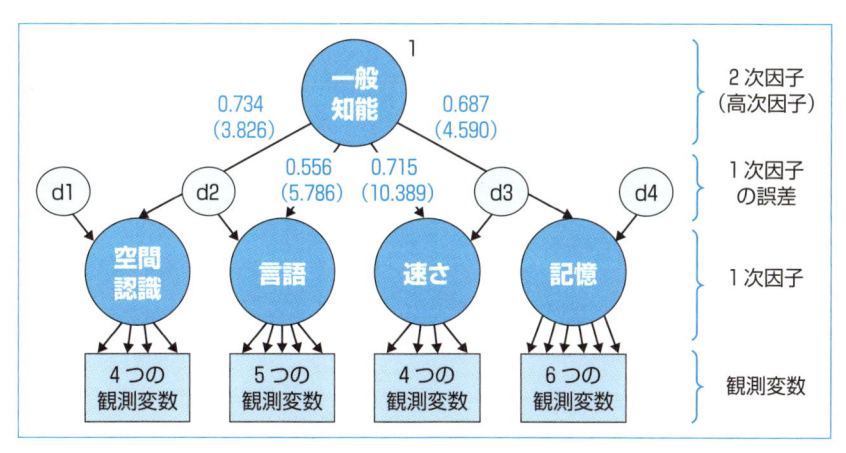

図3-3 知能の2次因子分析モデル

　図3-1では,「一般知能」が観測変数に直接影響していますが,図3-3では,「一般知能」は4因子を介して観測変数に影響を与えています。観測変数の背後に想定される因子(図3-3の空間認識・言語・速さ・記憶)のことを**1次因子**,1次因子の背後に想定される因子(図3-3の一般知能)のことを,**2次因子**あるいは**高次因子**と呼びます。なお,2次因子の分散は,1に固定しています。

　図3-3には,「1次因子の誤差」をdとして描いています。確認的因子分析モデルでは,観測変数に誤差がついていました。これは,観測変数のうち,因子では説明しきれない部分でした。2次因子分析でも同じです。1次因子の誤差は,1次因子のうち,2次因子では説明しきれない部分です。1次因子の誤差分散も母数として推定する必要があり,表3-1に推定値が示されています(12.905, 74.716, 103.362, 23.567)。なお,図3-3でも,観測変数の誤差を省略しています。

3.3　標準化推定値(復習)

　表3-1の非標準化推定値を見ると,特に誤差分散や因子負荷量の値が,観測変数,1次因子ごとにまちまちであることがわかります。これは,データから計算される分散が,観測変数ごとにかなりの違いがあることに原因があります。たとえば,観測変数「回転図形」の分散が8.011(表3-1には示していません)であるのに対して,観測変数「直線と曲線」の分散は,1322.767(これも表3-1には示していません)となっています。これは,そもそも2つの観測変数の単位が,大きく異なることが原因です。

　前章で説明したように,分散の大きさは因子負荷量にも影響を与えます。2.9節では,「観測変数の単位を変更して,従属変数の分散を大きく(小さく)するとパス係数(ここでは因子負荷量)は大きく(小さく)なり,独立変数の分散を大きく(小さく)するとパス係数は小さく(大きく)なる」ことを示しました。ここでは,たとえば,「速さ」因子(独立変数)を測定す

る観測変数（従属変数）の分散は，626.109（足し算），245.557（記号），410.156（数え上げ），1322.767（直線と曲線）であり，違いがあります。速さ因子を測定する観測変数の中では，「直線と曲線」に対する因子負荷量が 1.705 で最大ですが，これは「直線と曲線」の分散が大きいことに原因があるだけなのかもしれません。

また，分散の違いは，2 次因子から 1 次因子への因子負荷量や，1 次因子の誤差分散にも影響を与えます。「速さ」因子を測定する 4 つの観測変数の分散は，他の因子を測定する観測変数の分散よりも大きいです。また，ここでは「速さ」因子の分散を固定するのではなく，推定しているので，「速さ」因子の分散は他の因子と比べて大きくなります。すると，1 次因子と観測変数の間の関係と同じように，2 次因子からの因子負荷量も大きくなります。つまり，元をたどった因子にぶら下がっている観測変数の分散が大きいと，1 次因子の誤差分散が大きくなり（103.362），2 次因子からの因子負荷量も大きくなるのです（10.389）。

このように，観測変数の分散の違いは，2 次因子と 1 次因子の関係にまで影響を及ぼします。したがって，特に因子負荷量の大きさを観測変数間で比較したい場合には，標準化が必要になります。標準化を行った結果も表 3-1 に示しています。「速さ」因子を測定する観測変数の中では，「直線と曲線」よりも「記号」のほうが因子負荷量が大きく，2 次因子からの因子負荷量は，「速さ」因子よりも「空間認識」因子に対して大きいことがわかります。なお，標準化を行うと誤差分散は 1 になりますが，表 3-1 には誤差からの係数を 1 としたときの誤差分散を示しました。この誤差分散は独自性と同じです。本書では以降も標準化を行ったときには，誤差からの係数を 1 にしたときの誤差分散を示します。なお，SEM のソフトウェア Mplus や，R のパッケージ lavaan でも，この表記方法を使用しています。

3.4　2 次因子分析モデルの適合度（1 次因子が 4 つの場合）

3.4.1　χ^2 検定

表 3-2 に，図 3-2 の 4 因子モデルと図 3-3 の 2 次因子分析モデルの適合度を示しました。まず，p 値が有意になっており，「モデルはデータに適合していない」ようです。しかし，χ^2 検定の結果は，標本サイズが大きいと有意になりやすくなります。χ^2 検定では，得られた χ^2 値が，その自由度のもとでどれくらい得られにくい値（どれくらい大きな値）であるかを調べています。標本サイズが大きくなるにしたがって χ^2 値は大きくなるので，有意になりやすくなるのです。

表 3-2　2 つのモデルの適合度（4 つの 1 次因子）

	χ^2 値	自由度	p 値	AIC	BIC	RMSEA	CFI	SRMR
4 因子モデル	316.737	146	0.000	403.737	−517.502	0.062	0.914	0.068
2 次因子分析モデル	319.678	148	0.000	402.678	−525.974	0.062	0.914	0.069

これに関して，豊田（1998）は，上記のような χ^2 検定の性質は欠点であると述べています。さらに，標本サイズが大きな（数百以上の）場合には，χ^2 検定の結果が有意であったという理由のみでモデルを捨ててはならない，と述べています。HS.data の標本サイズは 301 であり，心理学研究においてはやや大きめです。ここでは，χ^2 検定の結果ではなく，その他の適合度指標の値を見ていきましょう[*22]。

3.4.2　BIC と AIC

RMSEA が 0.06 以下かつ SRMR が 0.08 という，フーとベントラー（1999）の基準を若干上回っているものの，両モデルともまずまずの適合度を示しています。しかし，RMSEA，CFI，SRMR の値は両モデルでほぼ同じであり，AIC は 2 次因子モデルのほうが小さいものの，差はわずかです。どちらのモデルのほうが適合が良いでしょうか。

では，AIC の右隣にある BIC を見てください。BIC は以下のように計算されます。

$$\text{BIC} = \chi^2 \text{値} + \log(\text{標本サイズ}) \times \text{母数の数} \qquad [3\text{-①}]$$

一方 AIC は，以下のようになっていました。

$$\text{AIC} = \chi^2 \text{値} + 2 \times \text{母数の数} \qquad [3\text{-②}]$$

BIC は AIC と比べると，母数を増やしたことによる第 2 項への影響が違います。この影響の大きさを罰則（penalty）といいます[*23]。AIC では「2×母数の数」が罰則であるのに対して，BIC では「log(標本サイズ)×母数の数」が罰則となります。先に述べたように，標本サイズが大きくなると χ^2 値も大きくなります。しかし AIC では，「χ^2 値＋2×母数の数」のうち，罰則として機能している「2×母数の数」は，標本サイズに依存しません。結果として，AIC では，標本サイズが大きいほど，母数の数による罰則の掛け方が相対的に弱くなります。したがって AIC は，標本サイズが大きいときには χ^2 値の大きさが判断に強く影響するので，複雑な（母数の数が大きな，自由度が小さな，つまり χ^2 値の小さな）モデルを採択する傾向があります。

一方，BIC は，標本サイズも取り入れた罰則を与えます。いま標本サイズは 301 なので，log(301)＝5.71 倍の罰則を与えることになります。以上の説明から，標本サイズがある程度大きいときには，BIC が倹約的なモデル選択指標として，うまく機能することがわかります。表 3-2 では，2 つのモデルの BIC に 8.5 程度の違いが生じており，2 次因子モデルのほうが将来のデータに対して適合は良いといえるでしょう。つまり，このデータは統計学的に一般知能の存在

[*22] なお χ^2 検定は，標本サイズが小さい場合に，本当は当てはまりの良くないモデルを採択してしまう，という欠点もあります。
[*23] 母数を増やせば χ^2 値は小さくなりますが，それは当然のことです。したがって，母数を増やしたこと自体を「罰則」と考え，「罰則」以上に χ^2 値が小さくなるかどうかを，AIC と BIC は調べているのです。

を示唆していることになります。ただし，2次因子モデルを選ぶか否かは，心理学的理論も取り入れて判断する必要があります。理論的に妥当な2次因子を（2次因子の名前を）想定することができない場合には，統計学的な判断を無理に取り入れないほうがよいでしょう。

3.5 識別の方法

表3-1の3列めに，因子負荷量の非標準化推定値を掲載しています。よく見ると，「視覚」「一般情報」「足し算」「単語認識」に対する因子負荷量の推定値が，1になっています。これらは，1という値に推定されたわけではなく，これらの母数を1に固定した状態で他の母数を推定したことを意味しています。「固定する」というのは，データから推定するのではなく，因子負荷量を1としてあらかじめ決めることを表しています。しかし，第1章と第2章では，因子負荷量はすべて推定すべき母数でした。いったいどうなっているのでしょうか。

3.5.1 「1に固定する」の意味

じつは，確認的因子分析モデルを識別するには，「因子の分散を1に固定する」方法と，「因子負荷量のうちの1つを1に固定する」方法の二通りがあります。図3-4を見てください。これは，「空間認識」を測定する3つの観測変数による1因子の確認的因子分析モデルで，これまでどおり，因子の分散を1に固定したときのパス図です。「空間認識」の右肩に「1」とあるのが，因子の分散です。ブルーの数値は非標準化推定値，ブラックの数値は固定した値です。因子の分散と，因子からの係数を，固定しています。

次に図3-5を見てください。これが，因子負荷量のうちの1つを，1に固定したときのパス図です。「空間認識」から「視覚」への因子負荷量が，1になっています。図3-4と図3-5では母数の数は変わりません。図3-4では，因子の分散を

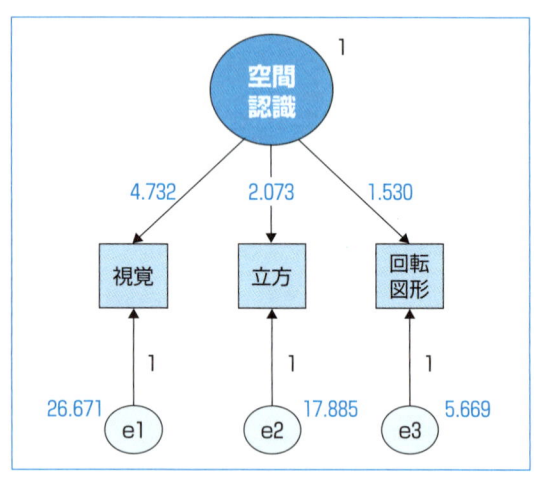

図3-4 因子の分散を1に固定することで識別された1因子モデル

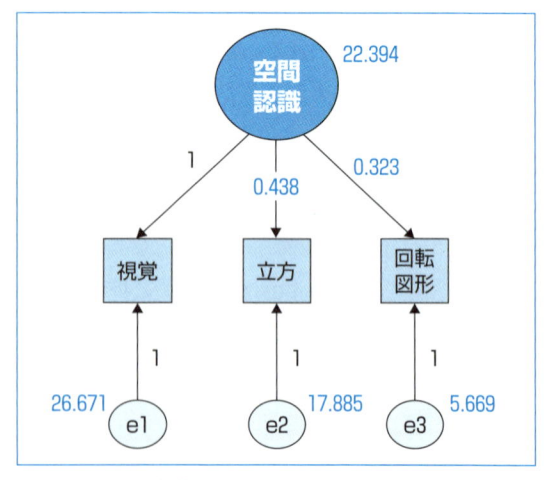

図3-5 因子負荷量を1に固定することで識別された1因子モデル

固定して，「視覚」への因子負荷量を推定する代わりに，図3-5では，因子の分散を推定して，「視覚」への因子負荷量を固定しているからです。また，適合度も標準化推定値も同じになります。したがって，図3-4と図3-5のどちらで分析をしてもよいのです[*24]。

しかし，図3-3の，2次因子分析モデルにおける1次因子については，そうではありません。因子負荷量のうちの1つを1に固定します。それは，図3-3では，1次因子が2次因子から影響を受けていることに理由があります。たとえば，「空間認識」（1次因子）と「一般知能」（2次因子）の関係を方程式で表すと，以下になります。

$$\text{空間認識} = \text{空間負荷} \times \text{一般知能} + \text{空間認識の誤差} \quad [3\text{-}③]$$

空間負荷は，「一般知能」から「空間認識」への因子負荷量を指します。そして，「空間認識」の分散は，以下のようになります。

$$\text{空間認識の分散} = \text{空間負荷}^2 \times \text{一般知能の分散} + \text{空間認識の誤差分散}$$

そして，「一般知能」の分散を1に固定しているので，以下のようになります。

$$\text{空間認識の分散} = \text{空間負荷}^2 + \text{空間認識の誤差分散} \quad [3\text{-}④]$$

したがって，左辺の空間認識の分散を1に固定することは，右辺の「空間負荷^2＋空間認識の誤差分散」を1に固定することと同じです。しかし，母数どうしの和を1に固定することは，計算上としても面倒です。そのため，空間負荷を1に固定するのです。以上の理由により，表3-1で「視覚」「一般情報」「足し算」「単語認識」に対する因子負荷量は1に固定されています。

3.5.2　内生的な因子と外生的な因子の識別

潜在変数・観測変数に限らず，単方向パスを1本でも受けている変数のことを**内生変数**，単方向パスを1本も受けていない変数のことを**外生変数**と呼びます。図3-4では，「空間認識」と3つの誤差変数が外生変数，3つの観測変数が内生変数です。したがって，内生・外生という言葉を使って一般論としてまとめると，以下になります。

【内生的な因子の場合】　因子Aが単方向パスを1本でも受けているときには，因子Aから観測

[*24] 因子負荷量のうちの1つを1に固定した場合に識別できることを正確に証明するためには，その場合の共分散構造Σを導く必要がありますが，以下のように説明することもできます。因子負荷量と因子の分散は連動しており，因子負荷量を大きくした場合，因子の分散を小さくすれば数学的につじつまが合います。だから，一方を1に固定するのです。固定する値は通常1にしますが，それ以外の値でもかまいません。

変数への因子負荷量のうちの1つを，1に固定することで識別します。

【外生的な因子の場合】 因子Aが単方向パスを1本も受けていないときには，因子Aから観測変数への因子負荷量のうちの1つを1に固定しても，因子Aの分散を1に固定しても，どちらでも識別できます。

また，誤差分散と誤差からの係数に関しても，因子負荷量と因子の分散のように，どちらかを（通常は1に）固定することで識別を行います。

3.6　1次因子が3つの場合

第1章と第2章では，観測変数が2〜4つの場合で，1因子の確認的因子分析モデルに関する説明を行いました。本章では，1次因子が2〜4つの場合に関して説明を行います[*25]。1次因子が4つの場合については説明しましたので，本節では3つの場合を扱います。

図3-6に，「空間認識」「言語」「速さ」の3因子の，確認的因子分析モデルを示しました。さらに，図3-7に，「空間認識」「言語」「速さ」の3因子を1次因子とした，2次因子モデルを示しました。2次因子は同じように「一般知能」とします。図3-6と図3-7の数値は，カッコの上が標準化推定値，カッコ内が非標準化推定値です。図3-6の双方向パスは，標準化推定値と非標準化推定値がそれぞれ相関と共分散を表しています。

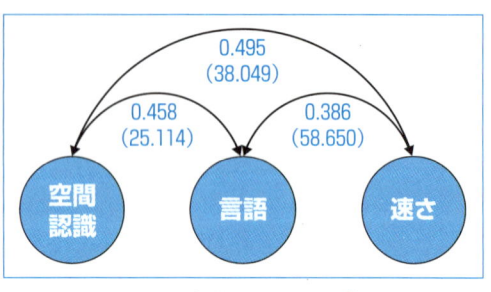

図 3-6　知能の3因子モデル

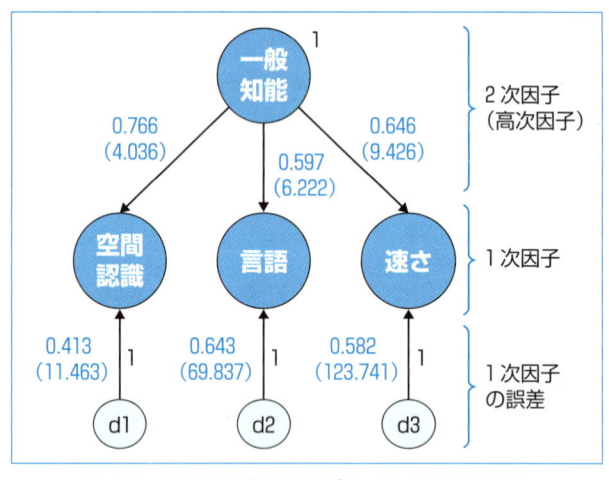

図 3-7　知能の2次因子モデル（3つの1次因子）

3.6.1　自由度と適合度の関係

表3-3に，これらのモデルの適合度指標を示しています。見てわかるように，2つのモデル

---

*25　観測変数の数が異なる場合と同じように，1次因子の数によって，識別の状況が異なります。

表 3-3　2 つのモデルの適合度（3 つの 1 次因子）

	χ^2 値	自由度	p 値	AIC	BIC	RMSEA	CFI	SRMR
3 因子モデル	145.253	62	0.000	203.253	−208.588	0.067	0.947	0.059
2 次因子モデル	145.253	62	0.000	203.253	−208.588	0.067	0.947	0.059

は適合度が全く同じです。これはなぜでしょうか。

そのヒントのひとつとして，自由度があります。自由度の求め方は，「自由度＝連立方程式の数－母数の数」でした。観測変数の数は表 3-1 から，4＋5＋4＝13 です。連立方程式の本数は，2.1.2 項で学んだように「連立方程式の本数＝観測変数の数×（観測変数の数＋1）/2」ですから，13×14/2＝91 になります。図 3-6 では母数の数は，（因子負荷量のうちの 1 つを固定したとすると）因子負荷量が 10，観測変数の誤差分散が 13，因子の分散が 3，因子間相関が 3 の，合計 29 になります。したがって，自由度は 91－29＝62 となります。図 3-7 では，観測変数の数は同じなので，連立方程式の本数は 91 です。そして，母数の数は，（1 次因子から観測変数への因子負荷量のうちの 1 つを固定したとすると）因子負荷量が 10，観測変数の誤差分散が 13，1 次因子の誤差分散が 3，2 次因子から 1 次因子への因子負荷量が 3 の，合計 29 になります。したがって，自由度はやはり 62 になります。

自由度が同じであれば，必ず適合度も等しくなるわけではありません。では，この 2 つのモデルの適合度はなぜ等しくなるのでしょうか。2 つのモデルの違いは，1 次因子間の構造にあります。3 因子モデルは相関（共分散）によって，2 次因子モデルは 2 次因子を使って表現しています。じつは，1 次因子間の相関を，2 次因子モデルの推定値から求めることが可能なのです。具体的には，［3-⑤］式のようになります。図 3-7 の数値を使って計算すると，図 3-6 の値にほぼ一致します（四捨五入など計算上の細かな問題により，完全には一致しません）。他の因子間でも下記の計算が成り立ちますので，ぜひ試してみてください。

$$\text{空間負荷} \times \text{言語負荷} = 0.766 \times 0.597 \fallingdotseq 0.458$$
$$= \text{空間認識と言語の相関}$$
［3-⑤］

上記の計算で，因子負荷量には標準化推定値を使っています。ここでのポイントは，因子負荷量どうしの掛け算が，相関を表すということです。したがって，3 因子間の 3 つの相関は，「一般知能」からの 3 つの因子負荷量から計算することが可能です。逆に，相関・共分散（と因子の分散）から，因子負荷量を求めることも可能です。つまり，2 つのモデルは同等といえるのです。これが，適合度が等しくなった 2 つめの理由です。なお，因子負荷量の非標準化推定値どうしの掛け算は，因子間の共分散と等しくなります。

因子負荷量と共分散・相関の相互関係は，1 次因子が 4 つのケース（図 3-2 と図 3-3）では成り立ちません。図 3-2 と図 3-3 の 2 つのモデルは，表 3-2 からわかるように，自由度が異なります。だから，適合度も異なるのです。4 因子モデルでは 1 次因子間の関係を 6 つの相関で

説明していますが，2次因子モデルでは4つの因子負荷量で説明しています。したがって，2次因子モデルのほうが母数の数が少ないため，χ^2値が同じくらいであれば，AIC・BICやRMSEA（ここでは同じですが）の観点からは，2次因子モデルのほうが適合は良くなります。4因子のケースでは，2次因子を導入することで，1次因子間の関係を効率良くまとめることができているということです。

3.7 1次因子が2つの場合

3.7.1 識別と等値制約

1次因子が2つの場合の結果を，図3-8と図3-9に示しました。図3-8の2因子モデルは，そのまま推定値を求めることができますが，図3-9の2次因子モデルは，そのままでは推定値を求めることができません。モデルを識別できないからです。

識別できない理由は，「空間認識」と「言語」の関係を表す情報は1つの相関しかないのに，2次因子モデルでは，2次因子からの2つの因子負荷量を推定しようとしているからです。そのため，このモデルを識別するためには，**制約**が必要となります。制約とは，母数をある値に固定したり（因子の分散や因子負荷量を1に固定したことも制約です），母数と母数を等しい値に置いたりすることです。後者の場合を**等値制約**と呼び，図3-9では，2次因子からの2つの因子負荷量の非標準化推定値に，等値制約を課しています[*26]。その結果，同じ推定値（4.989）が求まっているのです。

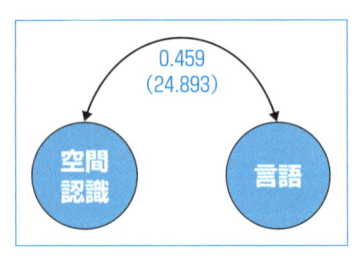

図3-8 知能の2因子モデル

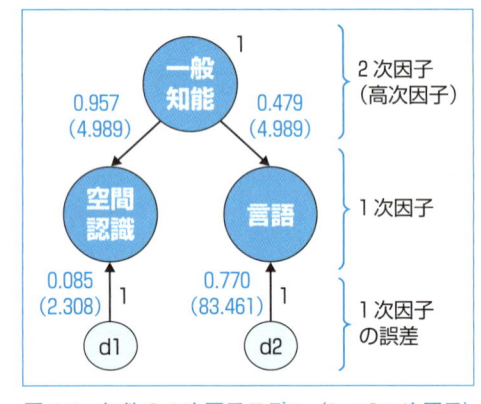

図3-9 知能の2次因子モデル（2つの1次因子）

これを，式を使って説明すると，[3-⑥]式のようになります。[3-⑥]式の左辺は，1次因子間の共分散構造を表しています[*27]。3本の連立方程式がありますが，母数は4つあるので識別できません。しかし，2つの因子負荷量に等値制約を課せば，母数の数が3つとなり識別

---

*26 「空間認識」が「一般知能」を測定する程度と，「言語」が「一般知能」を測定する程度が，母集団において等しいという制約を意味します。独立変数が2つの重回帰分析において，2つの偏回帰係数が等しいという制約も，等値制約の例です。因子負荷量に限らず，どのような母数の間でも等値制約を課すことができます。

*27 [3-⑥]式の右辺は，図3-9の推定値から求めています。たとえば，4.989×4.989＝24.890となります。

できるようになります。これは，図 2-1 に示した，観測変数が 2 つの確認的因子分析モデルがそのままでは識別できないことと同じ理由です。[2-①] 式は，3 本の連立方程式に対して母数の数が 4 つなので，やはり識別できません。しかし，[2-①] 式のすぐ後で述べているように，2 つの因子負荷量に等値制約を課せば，識別できるようになります。

$$\text{空間負荷}^2 + d1\ \text{誤差分散} = 27.198$$
$$\text{空間負荷} \times \text{言語負荷} = 24.890 \qquad [3\text{-⑥}]$$
$$\text{言語負荷}^2 + d2\ \text{誤差分散} = 108.351$$

質問コーナー

1 つの構成概念を測定していると思って探索的因子分析を行った結果，2 つの因子が抽出されました。確認的因子分析を行っても，2 因子モデルのほうが適合度は良いようです。調べてみると，正の方向を向いた項目群と逆転項目群が，それぞれ 1 因子を作っていることがわかりました。これは何因子として見るべきでしょうか？ また，なぜこのようなことが起きるのでしょうか？

　逆転項目が尺度に含まれる場合には因子負荷量が負になるので，通常は逆転項目の処理を行ったうえで因子分析を行います。これは 2.8.2 項で述べたとおりです。しかし，逆転項目の処理をするかしないかにかかわらず，質問の現象が起きることがあります。

　著者の経験では，スピルバーガーの STAI (State Trait Anxiety Inventory) の，「状態不安 (State Anxiety)」尺度で起こったことがあります。STAI は，「状態不安」を測定する 20 項目と，「特性不安 (Trait Anxiety)」を測定する 20 項目，合計 40 項目から構成されています。「状態不安」を測定する 20 項目のうち，10 項目は正の方向の項目，残りの 10 項目は逆転項目です。20 項目は同じ「状態不安」という構成概念を測定しているので，1 因子にまとまると思われますが，探索的因子分析の結果，正の方向の項目と逆転項目でそれぞれ因子を構成しました。

　別々の因子にまとまってしまう理由としては，正の方向の項目と逆転項目で，回答態度に違いが生じていることが考えられます。しかしながら，2 因子間の相関は，著者のデータでは逆転処理後に 0.569 であり，やはり同じ構成概念を測定していると考えられます。この場合には，2 因子の背後に，「状態不安」という 2 次因子を置いた 2 次因子モデルの当てはまりが良いと考えられます。ただし，1 次因子が 2 つしかありませんので，2 次因子からの因子負荷量に等値制約を課す必要があります。しかし，もともとは同じ尺度内の異なる項目から抽出した 2 つの因子なので，2 次因子が 1 次因子に対して同じ影響を与えるという仮定は，厳しいものではないでしょう。2 次因子を導入することで，因子数は 1 つなのか，2 つなのか，という異なった印象を与える判断を行うのではなく，データの構造をより正しく把握することができるようになります。

　逆に，2 因子間の相関が低い場合は，どのように考えればよいでしょうか。このときには，1 因子という想定が誤りであり，別の概念が混在しているという可能性と，本来は 1 因子であるにもかかわらず，正の方向を向いた項目と逆転項目に対する回答態度が異なっていることが原因で，低い相関となっているという可能性の両方が考えられ，どちらかわかりません。したがって，1 因子か 2 因子かという問題に対して明言することを避けたほうがよいでしょう。

表 3-4 2 つのモデルの適合度（2 つの 1 次因子）

	χ^2 値	自由度	p 値	AIC	BIC	RMSEA	CFI	SRMR
2 因子モデル	55.642	26	0.001	93.642	−92.743	0.062	0.976	0.044
2 次因子モデル	55.642	26	0.001	93.642	−92.743	0.062	0.976	0.044

表 3-4 に適合度を示しました。2 次因子モデルでは，因子負荷量に等値制約を課して識別しています。1 次因子が 3 つの場合の表 3-3 と同じように，2 つのモデルの適合度と自由度は等しくなっています。自由度が等しくなる理由は，2 因子モデルでは 1 次因子間の関係を 1 つの相関・共分散でとらえ，2 次因子モデルでは等値制約を課した 1 つの因子負荷量でとらえているからです。さらに，観測変数と 1 次因子の関係は，2 つのモデルで共通しています。また，[3-⑤] 式と同じ計算を図 3-9 の数値を使って行えば，$0.957 \times 0.479 \fallingdotseq 0.459$ のように図 3-8 の相関が求まります。したがって，2 つのモデルは同等なのです。

3.8 確認的因子分析と 2 次因子分析のまとめ

ここで，識別と適合度を中心として，観測変数に対する確認的因子分析モデルと 2 次因子分析モデルについて，それぞれ表 3-5 と表 3-6 にまとめました。なお，表 3-5 と表 3-6 では，各 1 次因子に対する観測変数が 2 つ以上の場合を想定しています。

観測変数が 1 つの因子分析モデルをまれに見かけますが，その場合は実質的に「観測変数＝因子」となりますので，因子を置く必要はありません。ただし，観測変数の信頼性（第 4 章で説明します）がわかっている場合には，因子を置く意義が生じます。詳しくは豊田ら（1992）を参照してください。

表 3-5 観測変数に対する確認的因子分析の識別と適合度

観測変数の数	2 つ（図 3-8）	3 つ（図 3-6）	4 つ以上（図 3-2）
識別	識別できないが，因子負荷量に等値制約を課せば識別できる	識別できる	識別できる
適合度	上記の制約を課すことで，自由度＝0 の飽和モデルになる	自由度＝0 の飽和モデルになる	検討可能

表 3-6 2 次因子モデルの識別と適合度

1 次因子の数	2 つ（図 3-9）	3 つ（図 3-7）	4 つ以上（図 3-3）
識別	識別できないが，2 次因子からの因子負荷量に等値制約を課せば識別できる	識別できる	識別できる
適合度	検討可能（ただし，1 次因子を測定する観測変数が 2 つの場合には，因子負荷量の等値制約が必要）	検討可能	検討可能

3.9 ビッグファイブ5因子間の関係

ビッグファイブというのは，パーソナリティを5次元でとらえる考え方なので，各次元間の関係性（相関）は強くありません。しかし，次元間には弱い，あるいは中程度の相関が求まることが多く，この相関を利用して高次因子を考えることができます。図3-10は，5因子に対して3つの高次因子を仮定しています。図では観測変数と誤差変数を省略しています。高次因子には，「脱抑制系」「否定的情動性」「肯定的情動性」と名づけました[*28]。

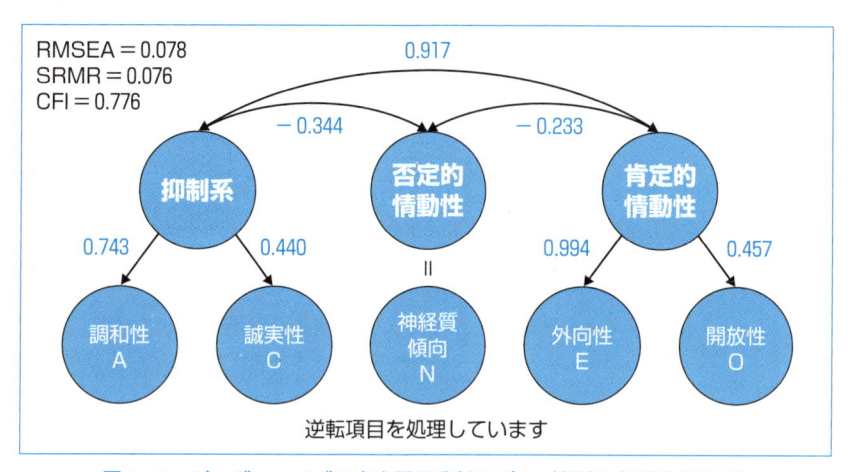

図3-10 ビッグファイブの高次因子分析モデル（数値は標準化推定値）

次に，これらの高次因子について解釈をしていきましょう。なお，bfiのデータでこのモデルの適合度が良いというわけではなく，本節はあくまで心理学の理論として，高次因子分析モデルの結果を解釈していきます。

この3因子はアイゼンクの3因子モデルに相当するものです。まず，「抑制系」を，「調和性」と「誠実性」の背後に仮定していますが，「調和性」と「誠実性」には正の影響（因子負荷量）を与えます。「調和性」は共感性など他者への配慮，「誠実性」は勤勉性など反応抑制が中心的な概念です。「調和性」が極めて高い人は，自分の気持ちを抑制して他者を優先する傾向があります。また，反応抑制とは，たとえば目の前に楽しいことがあったとしても，自分がやらなければいけないことを遂行できるかどうか，ということです。自分に芽生える気持ちを抑制する力です。もちろん，共感性はあるけれども，目の前に楽しいことがあるとそれに引っぱられてしまうような，勤勉ではない人もいます。しかし，概ね「調和性」と「誠実性」には関係があり，それを「抑制系」としてまとめることができるのです。bfiのデータでは「調和性」と「誠実性」の間に，0.33という弱いながらも正の相関が求まりました。

[*28] 小塩（2010）の図6-5にならって命名しました。

次に,「神経質傾向」の高次因子は「否定的情動性」となっていますが,高次因子として"まとめた"わけではありませんので,これらは同一のものです。神経質傾向とは,自分に対する脅威への反応性が中心的な概念です。神経質傾向が強い人は,一般には大したことがない事柄に対して敏感に否定的な反応を示しますので,不安や抑うつ傾向が高くなります。したがって,高次因子は否定的情動性となっています。bfi のデータでも他の因子との相関の絶対値はすべて 0.3 以下なので,他の 4 因子と関係性はあまりありません。

最後に,「外向性」と「開放性」の背後に,「肯定的情動性」という高次因子を仮定しています。「外向性」は報酬への反応が中心的概念であり,快を与える刺激が目の前にあるときに,それに向かって肯定的な反応を行う傾向です。「開放性」はいまだに解釈が定まっていない概念ですが,新しいものへの好奇心を表しています。したがって,両者は「肯定的情動性」としてまとまります。bfi データでは両者の相関が,0.45 となっています。

【文献】

Hu, L. & Bentler, P. M. (1999). Cutoff criteria for fit indexes in covariance structure analysis : Conventional criteria versus new alternatives. *Structural Equation Modeling*, **6**, 1-55.

小塩真司 (2010). はじめて学ぶパーソナリティ心理学:個性をめぐる冒険. ミネルヴァ書房

豊田秀樹 (1998). 共分散構造分析:構造方程式モデリング[入門編]. 朝倉書店

豊田秀樹・前田忠彦・柳井晴夫 (1992). 原因を探る統計学:共分散構造分析入門. 講談社

Quiz

理解できたかチェックしてみよう！

問1：【要ソフトウェア】 HS.data の言語・速さ・記憶の3因子に対して，2次因子分析を行ってください。

問2：図3-2の知能の4因子モデルを識別するためには，どうすればよいでしょうか。

問3：「AIC＝χ^2値＋2×母数の数」は，χ^2値を2以上小さくする母数を重要とする考え方ですが，「BIC＝χ^2値＋log（標本サイズ）×母数の数」についてはどうでしょうか。本章と同じように，標本サイズが301の場合で考えてください。なお，log(301)＝5.71とします。

第4章 測定道具の性能 ――信頼性と妥当性

4.1 良い尺度とは

　第1〜3章では，確認的因子分析について説明を行ってきました。これまでの章では主としてビッグファイブのデータを扱いましたが，25個の観測変数は，良い尺度といえるでしょうか。尺度というのは，構成概念を測定するための"ものさし"という意味です。第2章では適合度について説明しましたが，適合度が良ければ良い尺度といえるでしょうか。

　そうではありません。適合度はあくまで，与えられたデータにモデルが適合している程度を表すものであり，データにとって良いモデルである程度を示しています。良い尺度というのは，構成概念を測定するための道具として性能が良いという意味であり，**信頼性**と**妥当性**という2つの指標によって示されます。そして，ものさしの良さは，得られたデータから調べます。

　図 4-1 を見てください。心理学と物理学を比べながら説明しましょう。心理学の研究対象は構成概念です。しかし，たとえば外向性自体を直接測定することはできないので，「簡単に友達を作ることができる」「リーダーシップを発揮する」などの質問紙項目を使って，間接的に構成概念を調べることになります。しかし，上記の項目が外向性を表現しているのか，2つの項目で外向性が測定できるのかは不確かです。そこで，外向性を測定する道具（項目群）の性能を信頼性と妥当性によって調べる必要が生じるのです。

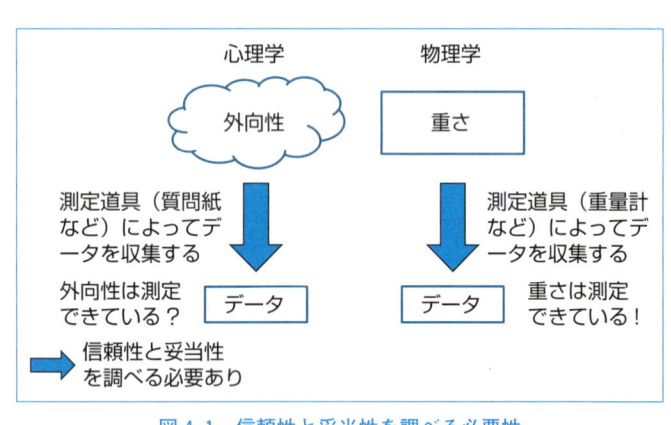

図 4-1　信頼性と妥当性を調べる必要性

　同じ「理」に関する学問でも，物理学は興味の対象となる事柄を，より直接的に測定することができます。物体の重量の測定結果に対して，疑問を挟む余地はほぼありません。したがっ

て，信頼性と妥当性は，間接的にしか構成概念に迫ることができない心理学（およびその周辺領域）に特有の問題といえます。あるいは，重さや長さを測定する尺度が物理学では明確に定義されているので，信頼性や妥当性が問題にならないともいえます。

本章では，まず知能検査を例に挙げながら信頼性について説明を行い，その後，ジェンダー・アイデンティティに関する論文を参照しながら，妥当性について説明を行います。

4.2 信頼性とは

ここでは，知能検査を例に挙げて，良い尺度であることを示す指標のひとつである信頼性について説明します（本シリーズ第4巻『教育心理学のための統計学』の第1章も参照してください）。

4.2.1 測定値

信頼性とは，測定値の安定性のことです。信頼性について理解するときにはまず，次の方程式を理解する必要があります。

$$\boxed{測定値} = \boxed{真値} + \boxed{測定誤差} \quad [4\text{-}①]$$

[4-①]式の左辺「測定値」は，知能検査項目の得点を表しています[*29]。信頼性・妥当性を研究するテスト理論と呼ばれる分野では，各人の観測変数の値のことを，測定値と表現することが一般的です。本章では，測定値・観測変数を適宜使い分けますが，同じようなものと考えてかまいません。

右辺の「真値」は，知能検査を受ける人の，真の知能の得点を表しています。また，「測定誤差」は，偶然うまくできた，できなかった，あるいはそのときの体調など，真の知能とは無関係ですが測定値に影響を与えるものを表しています。つまり，目の前の測定値（データ）には，真の知能だけではなく，偶然の作用である測定誤差も加わっているというのが，[4-①]式が表していることです。ここでは，知能を例に挙げながら説明しましたが，性格検査や学力検査などでも同じように[4-①]式が成り立つと考えます。

[4-①]式を具体的に考えてみるために，表4-1を用意しました。この表は，知能検査に関する5人の具体的な測定値，真値，測定誤差を示しています。そし

表4-1 3つの要素の得点・平均・分散

ID	測定値	真値	測定誤差
1	7	6	1
2	5	5	0
3	10	10	0
4	5	6	−1
5	6	6	0
平均	6.6	6.6	0
分散	3.44	3.04	0.4

---

*29 表4-1では，[4-①]式の真値と測定誤差に値が与えられていますが，4.3節で述べるように本来これらは観測することができないので，楕円で囲んでいます。

て，5人の値から計算される，それぞれの平均と分散も示されています。測定誤差の平均を見てみると，0になっています。測定誤差は偶然の作用ですから，測定値に対してプラスに働くときもあれば（ID＝1の人），マイナスに働くときもあり（ID＝4の人），平均的には0であると仮定します。

4.2.2 測定値の分散

注目すべきは，平均よりも分散です。分散は測定値，真値，測定誤差それぞれの得点のバラつきを表しています。分散の値を見ると，測定値のバラつきが最も大きく，測定誤差のバラつきが最も小さくなっています。測定値については，高い値を取る人もいれば低い値を取る人もいるので，分散が大きくなっています。測定誤差は小さくても −1，大きくても 1 なので，分散は 0.4 しかありません。よく注意してみると，以下の［4-②］式が成立していることがわかります。

$$\text{測定値の分散}(3.44) = \text{真値の分散}(3.04) + \text{測定誤差の分散}(0.40) \quad [4\text{-}②]$$

［4-②］式が示していることは，左辺を結果，右辺を原因と考えてみるとわかりやすいと思います。つまり，左辺は「なぜ測定値には分散があるのか」，右辺はそれに対する答えとして「それは真値の分散と測定誤差の分散があるからだ」というわけです。なお［4-②］式は，先ほど述べたとおり，測定誤差が知能の真値とは無関係，つまり相関係数が0の場合に成り立ちます。測定誤差はランダムな影響です。したがって，知能の真値が高い人が特別な測定誤差の値をもつことは考えにくいので，これは自然な仮定といえます。表 4-1 で真値と測定誤差の相関係数を計算すると，0になります。

4.2.3 信頼性の定義

良い測定値が得られているのはどのような状況でしょうか。それは，測定値に真値が十分に反映されていて，測定誤差があまり影響しないときです。これを数式で表現したものが以下の［4-③］式で表される**信頼性**です。

$$\text{信頼性} = \frac{\text{真値の分散}}{\text{測定値の分散}} = 1 - \frac{\text{測定誤差の分散}}{\text{測定値の分散}} \quad [4\text{-}③]$$

表 4-1 の例では，信頼性は，3.04÷3.44＝0.883 となります。一般的に 0.7 あるいは 0.8 以上であれば信頼性が高いといえます。したがって，表 4-1 は高い信頼性をもった測定値です。

信頼性についてもう少し理解を深めるために，信頼性が1（信頼性の上限）の場合と，信頼性が低い場合について見てみましょう。表 4-2 は信頼性が 1 の場合，表 4-3 は信頼性が 0.419 の

場合です。

表 4-2 では，測定誤差がすべて 0 なので，測定誤差の分散も 0 になり，したがって信頼性は 1（＝ 3.44/3.44）になります。測定誤差がすべて 0 ということは，各人の測定値と真値が等しいということです。この場合には，測定値が各人の知能を正確に表しているといえます。したがって，信頼性が高いのです。一方，表 4-3 では，測定誤差が −2 や 2 を取ったりして，分散は 2 という相対的にやや大きな値になっています。したがって，信頼性は 0.419（＝ 1.44/3.44）と低めの値になります。測定誤差がさまざまな値を取るということは，真値と測定値のズレが各人で生じているということです。真値よりも高い知能であるという結果になったり（ID ＝ 1 と 3），逆に真値よりも低い知能であるという結果になる

表 4-2　信頼性＝ 1 の場合

ID	測定値	真値	測定誤差
1	7	7	0
2	5	5	0
3	10	10	0
4	5	5	0
5	6	6	0
平均	6.6	6.6	0
分散	3.44	3.44	0

表 4-3　信頼性＝ 0.419 の場合

ID	測定値	真値	測定誤差
1	7	6	1
2	5	5	0
3	10	8	2
4	5	6	−1
5	6	8	−2
平均	6.6	6.6	0
分散	3.44	1.44	2

（ID ＝ 4 と 5）人もいます。これでは，測定値が各人の知能を正確に表しているとはいえないでしょう。

4.2 節の冒頭で，信頼性とは「測定値の安定性」であると述べましたが，これは測定誤差の分散の小ささを指しています。分散の小さい表 4-2 の場合には，真値と測定値が近い値なので安定性が高く，分散の大きな表 4-3 の場合には，安定性が低くなっています。違う言い方をすれば，表 4-2 の結果を生み出すものさしは良質で，表 4-3 の場合は良質ではないということです。

4.3　信頼性＝観測変数（測定値）どうしの相関係数

表 4-1 〜 4-3 に示された値のなかで，測定値を得ることはできます。これはデータそのものだからです。しかし，真値と測定誤差をデータとして得ることはできません。そもそも，真値がわかるのであれば，信頼性という概念は必要ないはずです。測定値は得られても，真値と測定誤差はわからないというのは，［4-①］式と［4-②］式の左辺はわかっても，右辺がわからないということです。このような状況において，どのようにして信頼性を計算すればよいのでしょうか。

ここで，真値の測定値を 1 つではなく，2 つ用意してみます。つまり，表 4-1 〜 4-3 では測定値が 1 つだったわけですが，これを 2 つにしてみます（観測変数を 2 つ用意するということです）。それを「測定値 1」「測定値 2」とします。そして，これらの測定値が以下の 2 つであった場合を考えます。

> **仮定 1**
> 測定値 1 と測定値 2 は同じ真値を測定しており，真値が測定値に与える影響は測定値 1 と測定値 2 で等しい。

> **仮定 2**
> 測定値 1 にかかわる測定誤差の分散と，測定値 2 にかかわる測定誤差の分散は等しい。

この 2 つの仮定を満たしているとき，[4-④] 式によって信頼性を計算することができるのです。

$$\text{信頼性} = \text{測定値 1 と測定値 2 の相関係数} \qquad [4\text{-}④]$$

仮定 1 の後半は，[4-①] 式の真値の前に，1 を掛けてみるとわかりやすいと思います。1 を掛けたうえで仮定 1 を表したものが，[4-⑤] 式です。この式は，真値の前の 1 を因子負荷量ととらえれば，真値を因子とする因子分析モデルと同じです。したがって，仮定 1 は，測定値 1 と測定値 2 が同じ真値（因子）を測定しており，真値（因子）に対する因子負荷量が，測定値 1 と測定値 2 で等しいことを表しています。

$$\begin{aligned}
\boxed{測定値 1} &= 1 \times \boxed{真値} + \boxed{測定誤差 1} \\
\boxed{測定値 2} &= 1 \times \boxed{真値} + \boxed{測定誤差 2}
\end{aligned} \qquad [4\text{-}⑤]$$

仮定 2 がいっていることは，表 4-1～4-3 で計算しているような測定誤差の分散が，2 つの測定値で等しいということです[*30]。

4.4 各種の信頼性

信頼性を新たに [4-④] 式として定義したうえで，さまざまなものが信頼性の指標として提案されています。

4.4.1 再検査信頼性

1 つめが再検査信頼性です。同じ内容の項目を，期間を空けて 2 回，同じ対象者に実施します。そして，その 2 回の測定結果を [4-④] 式の測定値 1 と測定値 2 としたときの相関係数が，

---

*30 ちなみに，仮定 1 が成り立っているとき，2 つの測定値は**タウ等価測定**といい，仮定 2 が成り立っているときを**平行測定**といいます。細かい話になりますが，仮定 1 については，「2 つの測定値の表す真値どうしで平均は異なる」という場合でも，[4-④] 式は成立します。また，後述する α 係数と ω 係数は仮定 2 を満たしていないときでも求めることができます。

再検査信頼性です。期間を空けて測定した，同じ内容の測定値どうしの相関を計算するので，"再検査"信頼性と呼ばれます。再検査信頼性は，パーソナリティのような変化の少ない特性を測定する場合には適していますが，学力のように変化が大きな特性や，知能検査のように一度トライした経験が，（ある程度の期間を空けたとしても）二度めの結果に影響を与えるような検査には適していません。

　心理学の研究場面では，2つの測定値間（観測変数間）の相関ではなく，たとえばあるパーソナリティに関して10個の測定値があるときに，それらの合計得点を，期間を置いて求めることが一般的です。そして，2つの合計得点についても，仮定1と仮定2が成立していると考え，合計得点間の相関係数を求めます。この相関係数が再検査信頼性です。再検査を行うときには，変化の少ない特性に関する同一の観測変数を使用するので，合計得点について両方の仮定を満たしていると考えます。

4.4.2　平行検査信頼性

　[4-④] 式の測定値1と測定値2を，同じ真値に関する別の観測変数を使った測定値と考えた場合の信頼性を，平行検査信頼性と呼びます。ただし，測定値1と測定値2は，同じ時点で測定されているとします。たとえば，別々の尺度を使って，同じ時点で測定された一般知能の測定値が2つあるときに，それらの間の相関係数が平行検査信頼性です。このときも，やはり尺度の合計得点を用いることが一般的です。たとえば，一般知能に関して，10個の観測変数からなる尺度が2つあるとき，それらの合計得点間の相関係数が平行検査信頼性です。平行検査信頼性は，同じ観測変数を同じ対象者に対して2回使うわけではないので，パーソナリティでも，学力でも，知能でも，どのような内容の変数であっても使用することができます。

　平行検査信頼性を [4-④] 式で計算するためには，やはり仮定1と仮定2を満たしている必要があります。再検査信頼性のように同一の観測変数を使用するわけでありませんが，2つの測定値あるいは合計得点は同じ特性を測定しており，真値と因子負荷量は等しいと考えます。そして，似た変数どうしなので，2つの合計得点の分散も等しいと見なせるなら，両方の仮定とも満たすことになります[*31]。

4.4.3　折半信頼性

　それでは，ある特性を測定する10個の観測変数からなる尺度が1つしかないときはどうすればよいでしょうか。そのときには，10個の観測変数を5つずつに分けて，合計得点間の相関係数を求めます。合計得点について2つの仮定が満たされていると考えます。こうして求められた相関係数を指標とする信頼性を，折半信頼性といいます。再検査信頼性と平行検査信頼性は二度あるいは二種類の測定が必要になりますが，折半信頼性は一度の測定ですみます。

[*31] 豊田（2000）は，これらの仮定が満たされているか否かを，適合度によって調べています。

4.5 α（アルファ）係数

　折半の仕方にはかなりの組み合わせがあるはずです。たとえば，10個の観測変数を，項目番号の1～5番めと6～10番めに分ける方法もあれば，偶数と奇数で分ける方法もあります。ですから，折半の組み合わせごとに相関係数＝折半信頼性は違う値になるでしょう。組み合わせごとに相関係数が異なってしまっては，どの値を折半信頼性とすればよいのか判断できません。

　そこで，α係数が登場します。α係数は，全観測変数の分散が等しいとき，すべての分け方で求めた折半信頼性の平均に一致します（Cortina, 1993）。α係数は［4-⑥］式によって計算することができます。表4-4と表4-5を使って具体的に見てみましょう。これらの表は相関行列であり，観測変数の分散はすべて1としています。後述するように，α係数は共分散行列から計算することが一般的ですが，まずはわかりやすさのために相関行列を使って説明をします。

表 4-4　測定値間の相関がすべて 0.5 の場合

	観測変数 1	観測変数 2	観測変数 3	観測変数 4
観測変数 1	1	0.5	0.5	0.5
観測変数 2	0.5	1	0.5	0.5
観測変数 3	0.5	0.5	1	0.5
観測変数 4	0.5	0.5	0.5	1

表 4-5　測定値間の相関がすべて 0.8 の場合

	観測変数 1	観測変数 2	観測変数 3	観測変数 4
観測変数 1	1	0.8	0.8	0.8
観測変数 2	0.8	1	0.8	0.8
観測変数 3	0.8	0.8	1	0.8
観測変数 4	0.8	0.8	0.8	1

$$\alpha 係数 = \frac{観測変数の数}{観測変数の数 - 1} \times \frac{相関の合計}{観測変数の数 + 相関の合計} \quad [4\text{-}⑥]$$

　［4-⑥］式の右辺の左側「観測変数の数/(観測変数の数－1)」は，観測変数の数が多くなるとほぼ1になるので，重要なのは右辺の右側「相関の合計/(観測変数の数＋相関の合計)」です。表4-4では相関がすべて0.5で，全部で12個あるので，相関の合計は0.5×12＝6です。そして，観測変数は4つなので，表4-4のα係数は，［4-⑦］式のように0.8になります。

$$\alpha 係数 = \frac{4}{3} \times \frac{0.5 \times 12}{4 + 0.5 \times 12} = 0.8 \quad [4\text{-}⑦]$$

4.5.1　内的整合性

　α係数は上限が1であり，0.8よりも高ければ，内的整合性が高いと一般にいわれています。

その意味では，測定値間の相関がすべて0.5程度であっても，表4-4のように高いα係数を得ることができます。

［4-⑥］式についてもう少し考えてみましょう。［4-⑥］式の「観測変数の数」は，表4-4では何を表しているでしょうか。それはブルーの部分，つまり同じ測定値間の相関（＝1）の合計です。したがって，［4-⑥］式の「観測変数の数＋相関の合計」は，表4-4の数字の合計です。ブルーの部分は必ず1ですから，「観測変数の数＋相関の合計」が大きくなるのは，測定値間の相関がいずれも高い場合です。そして，測定値間の相関がいずれも高い場合には，分子「相関の合計」も大きくなり，結果としてα係数は大きな値になります。つまり，α係数はブルーの部分以外がどれだけ大きいかを表しているのです。再検査信頼性が安定性であったのに対して，α係数は測定値間の相関が高ければ大きくなるので，**内的整合性の指標**と呼ばれます。α係数は，測定値の合計得点の信頼性の指標です。

同じ視点で表4-5を見てみましょう。今度は測定値間の相関がいずれも0.8になっています。表4-5では，α係数は［4-⑧］式のように，0.94となります。表4-4の場合よりも測定値間の整合性がとれているので相関が高くなり，結果としてα係数は高くなっています。

$$\alpha \text{係数} = \frac{4}{3} \times \frac{0.8 \times 12}{4 + 0.8 \times 12} = 0.94 \qquad [4\text{-}⑧]$$

ここまで，α係数を相関から計算してきましたが，α係数は一般的には共分散行列から求めた値を報告します。表4-6は，表4-4の各変数の分散を1，2，3，4として，分散・共分散を使って書き直したものです。以下の［4-⑨］式に当てはめれば，表4-6の場合のα係数は0.78であり，表4-4の場合と違いはあまりありません。

表4-6　表4-4を分散・共分散で書き直した場合

	観測変数1	観測変数2	観測変数3	観測変数4
観測変数1	1	0.71	0.87	1
観測変数2	0.71	2	1.23	1.41
観測変数3	0.87	1.23	3	1.73
観測変数4	1	1.41	1.73	4

$$\alpha \text{係数} = \frac{\text{観測変数の数}}{\text{観測変数の数} - 1} \times \frac{\text{共分散の合計}}{\text{分散の合計} + \text{共分散の合計}} \qquad [4\text{-}⑨]$$

4.6　ω（オメガ）係数

α係数と似た名前をもつ，ω係数という信頼性係数もあります。α係数を計算するためには，仮定1を満たしている必要がありましたが，実際には真値を測定する程度が，観測変数ごとに

まちまちな場合のほうが一般的です。ω係数は，真値を測定する程度（＝因子負荷量）を考慮している信頼性です。仮定1を満たしている必要はありません。

仮定1を完全に満たしていることは考えられませんから，ω係数はα係数よりも正確な信頼性といえます。また，一般にω係数はα係数よりも大きな値になります。しかし，現実の分析場面では，両者はほぼ同じ値をとります。それは，因子分析などによって心理尺度に含まれる観測変数の取捨選択が行われる過程で，因子負荷量の小さな観測変数が削除され，それなりの大きさの因子負荷量をもつ観測変数が残るからです。つまり，因子負荷量の大きさの違いが反映されているのがω係数ですが，因子負荷量の大きさが揃った観測変数ばかりが残る傾向があるので，仮定1はある程度満たされます。結果として，ω係数はα係数と似た値をとることが多いのです。

表4-5でω係数を計算してみましょう。表4-5の相関行列に対して確認的因子分析を行うと，因子負荷量（標準化）はすべて0.894，誤差分散はすべて0.2になります。ω係数の計算式と数値を当てはめた結果を［4-⑩］式に示しました。［4-⑧］式のα係数と同じ値になっていることがわかります。これは，測定値間の相関がすべて等しく，したがって真値を測定する程度（＝因子負荷量）も等しいからです。

$$\omega 係数 = \frac{因子負荷量の合計^2}{因子負荷量の合計^2 + 誤差分散の合計}$$

$$= \frac{(0.894 \times 4)^2}{(0.894 \times 4)^2 + 0.2 \times 4} = 0.94$$

［4-⑩］

次に，表4-7に対してα係数とω係数を求めてみましょう。表4-7では観測変数1のみ，その他の観測変数とは相関が低くなっています。この場合，因子負荷量（標準化）は観測変数1

表4-7　観測変数1と他の観測変数との相関が低い場合

	観測変数1	観測変数2	観測変数3	観測変数4
観測変数1	1	0.2	0.2	0.2
観測変数2	0.2	1	0.7	0.7
観測変数3	0.2	0.7	1	0.7
観測変数4	0.2	0.7	0.7	1

に対して0.239，その他の観測変数に対して0.837になります。また，誤差分散は観測変数1に関して0.943，その他の観測変数に関して0.3となります。そして，α係数は0.766，ω係数は0.804となります。このように，測定値間の相関が一様ではない場合，一般にω係数のほうが高くなります。

観測変数1は他に比べて因子負荷量が小さいので，一般的には分析対象から除外される可能性があります。しかし，因子負荷量は小さいけれども，構成概念を測定するためには内容的に重要な観測変数に出会うときがしばしばあります。その観測変数を含めるとα係数はやや低めの値になってしまいますが，ω係数を求めることで自信をもって尺度に含めることができる場

4.7 実際の知能検査の α 係数と ω 係数

それでは，実際の知能検査データで α 係数を求めてみましょう。R の library MBESS に含まれる HS.data の中から，言語性知能を測定する 4 項目（HS.data の test 6, test 7, test 8, test

表 4-8　言語性知能検査の共分散行列（下三角）と相関行列（上三角）

	観測変数 1	観測変数 2	観測変数 3	観測変数 4
観測変数 1	12.20	0.73	0.58	0.71
観測変数 2	13.22	26.65	0.67	0.72
観測変数 3	11.53	19.76	32.21	0.58
観測変数 4	18.87	28.50	25.32	58.82

9）を選び，表 4-8 に共分散行列と相関行列を同時に示しました。対角要素は分散，対角要素の下側（「**下三角要素**」といいます）は共分散，対角要素の上側（**上三角要素**）は相関です。したがって，たとえば，観測変数 1 の分散は 12.20，観測変数 1 と観測変数 2 の共分散は 13.22，相関は 0.73 となります。

そして，共分散行列から求められる α 係数は 0.86，相関行列から求められる α 係数は 0.89 となり，いずれの数値を見ても，これら 4 項目の内的整合性が高いことがわかります。また，非標準化推定値から求めた ω 係数は 0.88，標準化推定値から求めた ω 係数は 0.89 となりました。項目間の相関がこの程度似ている場合には，α 係数と ω 係数の違いはほぼありません。

4.8 妥当性

良い尺度であることを示す 2 つめの指標が妥当性です。妥当性は，構成概念の測定値の解釈に関する適切性のことです（Messick, 1989）。本章の冒頭で述べたように，心理学の研究において妥当性が重要となるのは，構成概念は直接測定することができないからです。目的とする構成概念を反映した測定結果でなければ，測定の信頼性が高くても，その尺度を使用する意味がありません。したがって，妥当性は非常に重要な概念であり，心理尺度を作成するときはもちろんのこと，使用に際しても，妥当性を満たしているか否かの判断を厳しく行う必要があります。

また，妥当性は，構成概念を測定するための変数・尺度のみに関する概念ではありません。妥当性が「測定値の解釈に関する適切性」であることの意味は，同じ変数・尺度であっても，使用場面ごとに適切性が異なることを意味しています。それぞれの使用場面で，求めるべき構成概念が異なるからです。たとえば，第 1 章の質問コーナーで述べたスクリーニング尺度は，高い精度で患者群と健常群を分類できるのであれば，臨床場面では妥当性が高いといえるでしょう。しかし，健常群の個人差を調べることを目的にした場合には，おそらく妥当性は低いと考えられます。

心理学の諸概念に変遷があるように，妥当性の概念にもじつは変遷があります。1960年代頃から，妥当性には基準関連妥当性，構成概念妥当性，内容的妥当性の3種類があるとされてきました。それらについて説明しましょう。

【基準関連妥当性】 外的な基準との関連（たとえば相関）があることをもって，当該尺度が有用であると考えるタイプの妥当性です。たとえば，知能検査が将来の学業成績（外的な基準）を予測できれば，妥当性が高いと考えます。このように，当該尺度が，それよりも後に測定される外的な基準を予測できるかどうかを，予測的妥当性と呼びます。また，大きな関連が期待される外的な基準が当該尺度と同時点で測定された場合には，併存的妥当性と呼びます。知能検査と同時点で測定された学業成績との関連を調べる場合が，該当します。

【構成概念妥当性】 構成概念に関する理論が成立することをもって，当該尺度が有用であると考えるタイプの妥当性です。たとえば，佐々木・尾崎（2007）では，ジェンダー・アイデンティティ尺度を構成し，尺度の下位概念として，社会現実的性同一性（自己の性別が社会とつながりをもっているという感覚）を置いています。「女性のほうが性役割に葛藤を感じやすい」という先行研究の理論からすると，社会現実的性同一性の得点は男性よりも女性のほうが低いことが予想され，実際に t 検定の結果，有意でした。したがって，社会現実的性同一性は構成概念妥当性を満たしていると考えられます（もちろん，これ以外の理論も検証していく必要があります）。このように，構成概念妥当性の検討は，理論を検証していくことに他ならない（村山，2012）ともいえます。また，構成概念妥当性は，ある構成概念を間接的に測定し，その結果得られた測定値の高低が，目的とする構成概念の高低をどの程度適切に表しているのか，ともいえます。データとして得られた社会現実的性同一性の値が，構成概念としての社会現実的性同一性に対応するからこそ，理論を検証できたのです。

【内容的妥当性】 構成概念を測定するための項目が，構成概念の領域を網羅している程度です。網羅している程度を判断するためには，構成概念をあらかじめ明確に定義しておく必要があります。内容的妥当性は，各学問領域の専門家や尺度の使用者の検証によって，満たされているかどうかを確認します。

4.9 統合的な妥当性概念

　前節では，「基準関連妥当性」「構成概念妥当性」「内容的妥当性」という，妥当性の3本柱について説明しました。しかし，近年では妥当性は3本柱ではなく，「構成概念妥当性」に集約されるという考え方が主流となりつつあります。たとえば，先ほど「知能検査が将来の学業成績（外的な基準）を予測できる程度」を，基準関連妥当性の事例として挙げました。しかし，よく

考えてみると，予測ができる程度を調べる前提として，知能検査の得点の高低が，構成概念としての知能の高低と対応している必要があります。したがって，知能検査が将来の学業成績を予測することができるならば，それは構成概念妥当を満たしていることを示すひとつの証拠になります。

また，内容的妥当性を満たしているか否かを調べることは，観測変数群と構成概念の対応関係を検証することと同義です。したがって，内容的妥当性を満たしていれば，それも証拠のひとつになります。

メシック（1995）は，構成概念妥当性こそが妥当性であるとして，構成概念妥当性を満たしているかどうかを示すための証拠を，6つ挙げました。以下にそれらを示します。なお，以下で示す本質的側面の証拠の説明に，「タスク」「反応時間」という言葉が登場することからわかるように，妥当性は（信頼性も同様ですが），質問紙調査によって構成概念を測定する研究のみで使用される概念ではありません。たとえば，新生児の模倣反応を測定して社会性の指標とした場合には，模倣反応の妥当性（測定値としての模倣反応と，構成概念としての社会性の対応関係）が問われることになります。

【内容的側面の証拠】　構成概念の領域や構造が定まっており，複数の変数によってその領域を漏れなくカバーできているかどうかを表します。これは，内容的妥当性が述べていることに近いといえます。内容的側面の証拠を満たすためには，領域の研究者による判断が必要です。

【本質的側面の証拠】　構成概念を測定する変数への回答・反応プロセスを，心理学的に説明することができるかどうかを表します。変数が構成概念をカバーしているか否か，という内容的側面の証拠に，実際の対応関係に関する証拠を加えることになります。タスク試行中の眼球運動，反応時間，数理モデルなどから判断します。質問紙調査の場合には，think aloud プロトコル（項目内容を読み，理解し，回答に至る思考プロセスを，回答者自身に発語してもらった結果）を利用することができます。

【構造的側面の証拠】　構成概念の領域の関する理論と観測変数の構造が，一致しているかどうかを表します。因子分析などによって判断します。

【一般化可能性の側面の証拠】　観測変数の値が，「他の測定時期」「別の標本集団（あるいは母集団）」[*32]「別の観測変数」のセットに対しても，一般化できるかどうかを表します。他の測定時期に対する一般化は再検査信頼性，別の観測変数のセットに対する一般化は平行検査信頼性を表しています。したがって，信頼性は構成概念妥当性の一側面としてとらえられています。

[*32] 交差妥当化によって調べることができます。

【外的側面の証拠】 構成概念を測定する観測変数と外的基準との間の関連が，予想されるとおりであるかどうかを表します。観測変数と関連がないと思われる外的基準との関連が実際に低いこと（**弁別的妥当性**）や，関連が高いと思われる外的基準との関連が実際に高いこと（**収束的妥当性**）によって調べます。**多特性多方法行列**（Campbell & Fiske, 1959）の分析は，測定方法が異なっていても同じ構成概念を測定しているならば，相関が高く（収束的妥当性），同じ測定方法であっても異なる概念を測定しているならば，相関が低い（弁別的妥当性）ことを示すことができます。

【結果的側面の証拠】 ある状況で，その尺度を使って得た測定値に対する，解釈の適切さを表します。たとえば，数学力を測定するテストの問題文が英語であるために，英語が不得意な受験者にとって不利益が生じてしまう場合には，結果的側面の証拠を満たしていないことになります。結果的側面の証拠が必要となる理由は，前述のとおり，構成概念妥当性は使用場面の適切さも問題とするからです。

　尺度構成の論文で示される妥当性は，「内容的側面の証拠」「構造的側面の証拠」「一般化可能性の側面の証拠」「外的側面の証拠」に，限定されてしまっているのが現状です。しかしながら，6つの証拠を常にすべて示す必要はありません。尺度の性質や研究目的に照らし合わせたとき，測定値の解釈を行う際の弱点や，重要な点にかかわる証拠を示すべきでしょう（村山, 2012）。逆に，6つの証拠以外に示すべき証拠があるかもしれません。自分自身の研究目的・構成概念についてよく考えて，妥当性の検証に取り組むべきでしょう。また，妥当性は尺度構成の論文のみで示されるものではなく，当該尺度を用いた研究結果によっても継続的に示されていくべきです。

　ここまでの説明を，図4-2にまとめました。構成概念を測定するために，質問紙調査，実験，観察によって測定値を得ます。しかし，測定値は構成概念を間接的に表すものなので，測定値を用いて構成概念を解釈してよいのかどうかを調べる必要があります。これが，妥当性（構成概念妥当性）を調べる理由です。そして，妥当性検証のためには，6つの証拠（あるいはその一部）を示す必要があるということです。

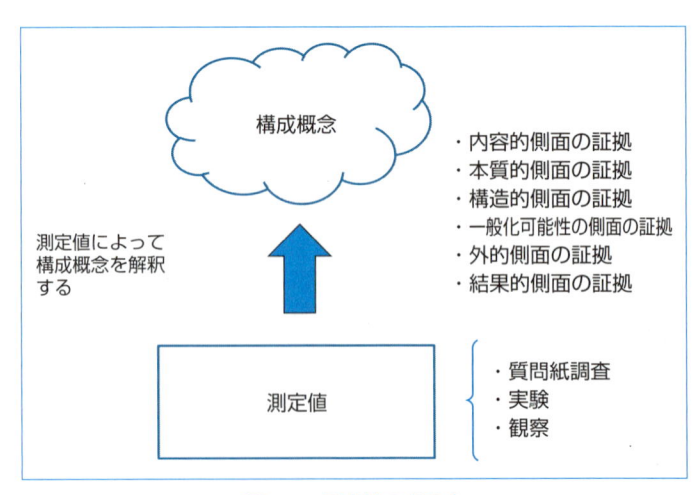

図4-2　妥当性の考え方

4.10 ジェンダー・アイデンティティ尺度の妥当性

本節では，佐々木・尾崎（2007）によるジェンダー・アイデンティティ尺度構成の論文を扱いながら，この論文で6つの証拠のうちの何が示され，そして今後は何を示していくべきなのか考えていきます。ここでの構成概念は，当然ですが，ジェンダー・アイデンティティです。まず，ジェンダー・アイデンティティ尺度の概略を述べます。

4.10.1 尺度の概略

当該論文ではジェンダー・アイデンティティ（性同一性）を，「斉一性・連続性をもった主観的な自分の性別が，まわりからみられている社会的な自分の性別と一致するという感覚」と定義しています。そして，ジェンダー・アイデンティティ尺度は，① 具体的な性役割で測定せず，自己の性別のありようを抽象的に問う，② 身体的性別と性自認（自分は男あるいは女，あるいはそのどちらでもないという自己認識）が同じでなくても，そして異性愛指向をもっていない人についても測定ができる，③ エリクソンの「アイデンティティ感覚」という概念を取り入れる，という3つの特徴をもった尺度です。

論文では，ジェンダー・アイデンティティという構成次元は，4つの下位領域をもっていると定義しています。それらは，① 自己一貫的性同一性（自己の性別が一貫しているという感覚。5項目），② 他者一致的性同一性（自己の性別が他者の思う性別と一致しているという感覚。3項目），③ 展望的性同一性（自己の性別での展望性〈どこに向かっているか〉が認識できているという感覚。3項目），④ 社会現実的性同一性（自己の性別が社会とつながりをもっているという感覚。4項目）です[*33]。

4.10.2 妥当性の検証

ジェンダー・アイデンティティ尺度は15項目ありますが，そのうちの4項目を表4-9に示しました。これらの下位次元と項目内容に関しては，性同一性障害の臨床にかかわる精神科医（1名），臨床心理士（1名），心理学を専門とする大学教員と大学院生によって，検討が行われました。したがって，内容的側面の証拠は示されていると考えられます。性同一性障害当事者を含む回答者が，この尺度に回答したときのフィードバックを利用して項目内容を洗練することができれば，ベターといえるでしょう（テストの測定内容に関する，回答者などからの見え方から推し量るタイプの妥当性を，**表面的妥当性**と呼びます）。

本質的側面の証拠については，論文では検討されていません。たとえば，think aloudプロトコルをとったり，「なぜそのような回答をしたのか」を自由記述してもらう欄を設けることで，

[*33] 大学生412名（女性205名，男性207名）のデータによって分析を行いました。

表 4-9　ジェンダー・アイデンティティ尺度の項目例

下位尺度	項目数	項目例	α 係数(女)	α 係数(男)
自己一貫的性同一性	5	過去において，自分の性別に自信がもてなくなったことがある	0.81	0.82
他者一致的性同一性	3	人に見られている自分の性別と本当の自分の性別は一致していないと感じる	0.71	0.66
展望的性同一性	3	自分が女性（男性）として望んでいることがはっきりしている	0.83	0.76
社会現実的性同一性	4	現実の社会の中で，女性（男性）として自分らしい生き方ができると思う	0.80	0.83

検討材料を得ることができるでしょう。

　この尺度は4つの下位領域を理論的に含んでいると想定していましたが，探索的因子分析を行うと2因子が抽出されました。しかし，詳細な分析を行うと，2因子は，「自己一貫的性同一性」と「他者一致的性同一性」を含む「一致一貫的性同一性」および，「展望的性同一性」と「社会現実的性同一性」を含む「現実展望的性同一性」であり，2因子それぞれの下に，2因子を含む2次因子モデルの適合が良いことが示されました。したがって，因子分析によって構造的側面の証拠が示されたことになります。

　表4-9は，下位次元ごとの α 係数を示しています。「他者一致的性同一性」以外は0.7を上回っており，内的整合性は高いといえます。「他者一致的性同一性」については3項目で構成概念をとらえており，内容的側面を考慮しつつ4，5項目にすることができれば，α 係数は高まる可能性があります[*34]。また，本研究では安定性を表す再検査信頼性は求められていませんが，一般化可能性を示すためには必要といえるでしょう。

　さらに，4つの下位次元に関して，外的基準（性別受容，ステレオタイプな性役割への同調，性役割パーソナリティ尺度）との関連が，相関や t 検定によって求められています。「自己一貫的性同一性」と「他者一致的性同一性」については，「性別受容」と正の関連を予想されていました。男女別に相関を求めたところ，0.240〜0.328と低めですが，0.1% で有意でした。また，両構成概念については，性同一性障害当事者のほうが非当事者よりも平均値が低いことを予想していましたが，実際に有意差が見出されました。

　「ステレオタイプな性役割への同調」は，「展望的性同一性」や「社会現実的性同一性」と正の関連があると予想されていました。男女別に分析を行った結果，これら4つの相関係数は，0.181〜0.283と決して高いとはいえないものの，0.1% あるいは 1% で有意でした。

　「性役割パーソナリティ尺度」に関しても，「展望的性同一性」や「社会現実的性同一性」と正の関連があると考えられ，男性役割パーソナリティについては，男性の場合に 0.1% で有意

[*34] 項目間の相関の様相が同じ場合，α 係数は項目数が多いほど大きくなります。たとえば，項目間の相関がすべて 0.5 の場合，3項目の場合は α 係数 = 0.75，4項目の場合は，[4-⑦] 式のように α 係数 = 0.8 になります。

な正の相関，女性役割パーソナリティについては，女性の場合に5％で有意な正の相関が見られました。しかしながら，相関の値自体はいずれも高いとはいえません。これは，相関を求める際に合計得点を使っており，誤差を排除していなかったこと[*35]に起因する可能性があります。

また，ヒサスエら（2012）では，生物学的な女性では，2D：4D（人差し指と薬指の長さの比）と本尺度の相関が，正であることが示されています。2D：4Dは大きいほど（薬指に比して人差し指が長いほど），女性的であることが知られているので，正の相関は外的側面の証拠を示しています。以上から，外的側面の証拠に関しては，さまざまな角度から検討を加えていることがわかります。

また，上記のように，当事者と非当事者から得たデータを分析したところ，ある程度予期された結果が求まっています。したがって，この尺度は，当事者と非当事者のどちらに対しても使用することができます。つまり，どちらに使用しても，結果的側面の証拠を満たしています。しかしながら，どの世代にでも有効な尺度であるか否かについては，未検討です。たとえば，子育てが終わった女性では，「現実展望的性同一性」と「社会現実的性同一性」が1因子にまとまると予想されます（本尺度は，少なくとも青年期に対して有効であることを示しています）。

質問コーナー

ある心理尺度に関して，男女ごとにデータを分けて因子分析を行ったところ，因子のまとまり方は同じでした。ところが，男女のデータを統合して因子分析を行ったところ，男女ごとの場合とは異なる結果になってしまいました。なぜこのようなことが起きるのでしょうか？

標本にいくつかの異質な集団が含まれる場合には，全標本を分析した場合と，集団ごとに分析した場合とで，相関係数の値が異なる場合があります。たとえば図では，○集団，□集団それぞれでは，変数$x1$と$x2$に正の相関がありますが，全体（2つの集団を併合した場合）では，相関が0に近くなります。これは，○集団と□集団で，変数の平均に違いがあるからです。ここでは，$x1$については○集団，$x2$については□集団のほうが高くなっています。これは，**シンプソンのパラドックス**といい，相関係数について学ぶ際に，相関係数の解釈の注意としてしばしば登場します。ここでは，標本に異質な集団が含まれることが，因子分析の結果にどのような影響を与えるのか説明します。

図に示されている4つの観測変数で因子分析を行う場合を考えてみましょう。集団ごとに因子分析を行った場合には，2因子にまとまるでしょう。まとまりは，「$x1$と$x2$」「$x3$と$x4$」になります。なぜなら，集団ごとに見た場合には，$x1$と$x2$の相関と$x3$と$x4$の相関は，高いからです。

しかし，全体のデータで因子分析を行った場合には，「$x1$と$x3$」「$x2$と$x4$」という，異なるまとまり方をするでしょう。図を見ると，それぞれの観測変数間の散布図が，右肩上がりだからです。逆に，全体のデータでは，「$x1$と$x2$」「$x3$と$x4$」は無相関に近くなっています。

このように，異質な集団が含まれる場合には，因子分析の結果も，集団と全体で異なる場合があります。

[*35] 2.10節でふれた希薄化のことです。6.1節でも述べます。

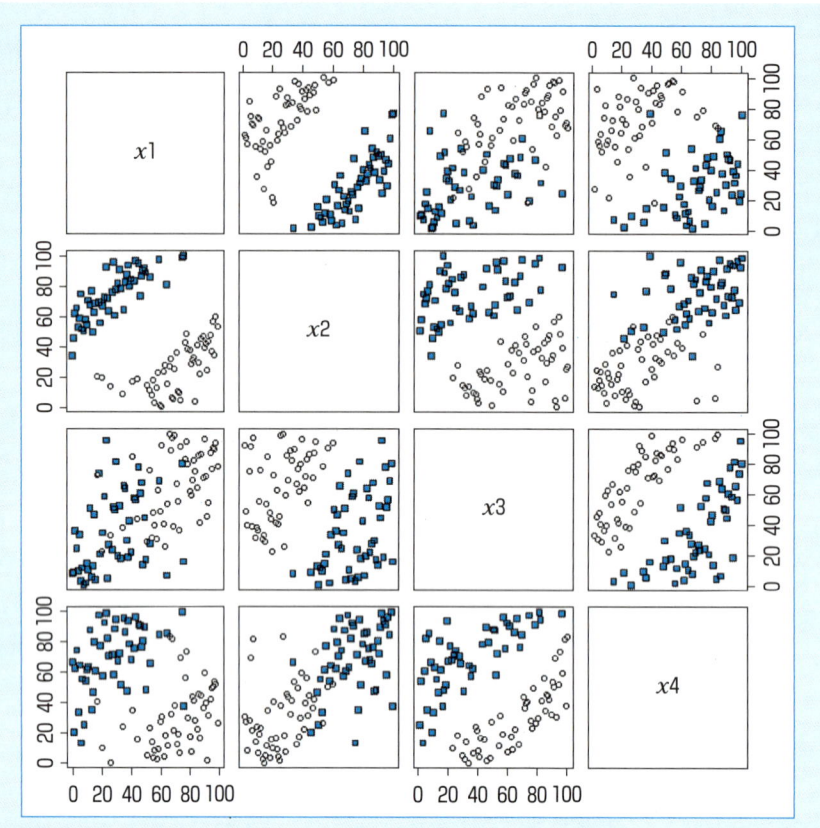

図 集団ごとの相関と全体の相関が異なる場合

　因子分析は相関や共分散をもとにしているので，異質な集団が含まれることの影響が分析結果に表れるのです。男性ごと，女性ごとの分析結果がほぼ同じなので，併合しても男女別の場合と同じ結果が求まると勘違いされることがあります。もしも，男女で観測変数の平均に大きな違いがないのであれば，併合しても同じ結果が求まるでしょう。しかし，違いがある場合には，男女別の場合と異なる結果になることが予想されます。この場合には，第 6 章や第 7 章で説明する多母集団分析を使って，平均は異なるけれども因子のまとまり方は同じである，というモデルを立てるとよいでしょう（ただし，平均を含めたモデルについては本書では説明しません。豊田〈1998〉などをご覧ください）。

　通常，因子分析は全体のデータを使って行います。このとき，狙ったような因子にまとまらなかったとしても，それは異質な集団が含まれていることに原因があるかもしれません。それを確かめるためには，データの性質からして異質な集団の候補になりうるものを探し，集団ごとに分析する必要があります。さらに，多母集団分析を使えば，平均や相関に関する集団ごとの違いを適合度によって調べることも可能です。

【文献】

Campbell, D. T., & Fiske, D. W. (1959). Convergent and discriminant validation by the multitrait-multimethod matrix. *Psychological Bulletin*, **56** (2), 81-105.

Cortina, J. M. (1993). What is coefficient alpha？：An examination of theory and applications. *Journal of Applied Psychology*, **78** (1), 98-104.

南風原朝和（2011）．量的研究法．臨床心理学をまなぶ7．東京大学出版会

Hisasue, S., Sasaki, S., & Tsukamoto, T. (2012). The relationship between second-to-fourth digit ratio and female gender identity. *Journal of Sexual Medicine*, **9** (11), 2903-2910.

Messick, S. (1989).Validity. R. L. Linn (ed.), *Educational Measurement* 3rd ed. New York：McMillan. pp.13-103.

Messick, S.(1995).Validity of psychological assessment. *American Psychologist*, **50**, 741-749.

村山航（2012）．妥当性──概念の歴史的変遷と心理測定学的観点からの考察．教育心理学年報，**51**, 118-130.

佐々木掌子・尾崎幸謙（2007）．ジェンダー・アイデンティティ尺度の作成．パーソナリティ研究，**15** (3), 251-265.

豊田秀樹（1998）．共分散構造分析──構造方程式モデリング［入門編］．朝倉書店

豊田秀樹（2000）．共分散構造分析──構造方程式モデリング［応用編］．朝倉書店

Quiz

理解できたかチェックしてみよう！

問 1：【要ソフトウェア】 HS.data の visual～arithmet の計 24 項目の合計得点に対する α 係数を求めてください。

問 2：逆転項目が含まれる場合には，どのようなデータ処理を行った後に α 係数を求めなければいけないでしょうか。

問 3：標準化パス係数と標準化された誤差分散を使って，図 2-8 の神経質傾向因子の ω 係数を計算してください。

第5章 抑うつを説明する
——単回帰分析・重回帰分析・パス解析と標準誤差

　本章では，パーソナリティ特性，ネガティブ・ライフイベンツ（悪い出来事），抑うつの関係について調べた田中（2006）を扱いながら，観測変数間の単回帰分析・重回帰分析・パス解析と標準誤差について説明します。なお，潜在変数を用いたパス解析については，次章で扱います。

　田中（2006）は，中学生を対象とした調査から得られたデータを使い，抑うつがパーソナリティ特性やネガティブ・ライフイベンツから，どのような影響を受けているのか調べました。したがって，この研究では，「抑うつ」が従属変数，「パーソナリティ特性」と「ネガティブ・ライフイベンツ」が独立変数となっています。ただし，抑うつもパーソナリティ特性のひとつですから，本章と次章は，パーソナリティ特性間の関係を調べる方法に関する章，ともいえます。

　思春期は抑うつが急増する時期であり，うつ病は不登校や引きこもりの背景となっている可能性があります。また，うつ病に罹った子どもは，その後の自殺企図率が高いという報告もあります。「抑うつ」を従属変数として研究するということは，抑うつを結果として，原因となる変数の影響の大きさを探ろうという研究の意図があります。

　独立変数となるパーソナリティ特性として，田中（2006）は，「損害回避」（1.1節で説明した，クロニンジャーによるパーソナリティの7次元のうちの1つで，慎重さや堅実さを表します）を扱っています。これは，「損害回避」は抑うつと関連するパーソナリティ特性であることが，先行研究からわかっているからです。また，ネガティブ・ライフイベンツが発生したとしても，個人のパーソナリティ特性（損害回避）によっては，抑うつをそれほど高めないことも考えられます。これらを踏まえ，田中（2006）は，「損害回避」を独立変数として扱うとともに，ネガティブ・ライフイベンツの影響を左右する調整変数としても扱っています[*36]。なお，田中（2006）については本章と次章で扱いますが，合計得点や因子を構成する観測変数には，変更を加えています。

[*36] 調整変数としての扱い方については，次章で説明します。

5.1 単回帰分析

本節と次節では，パス図を使いながら，単回帰分析と重回帰分析について説明します[*37]。

5.1.1 単回帰モデルのパス図

まず，図5-1を見てください。これは，田中（2006）をもとに構成した単回帰モデルのパス図です。四角で囲まれている変数は，因子分析と同様に，観測変数です。ここでは，「損害回避」と「抑うつ」が観測変数となっており，前者が独立変数，後者が従属変数です。また，丸で囲まれている「抑うつ誤差」は，「抑うつ」のうち，「損害回避」では説明しきれない部分を表しています[*38]。ブルーの数値は推定値を表しています。カッコ内が非標準化推定値，カッコの上が標準化推定値です。たとえば，図5-1の「損害係数」については，非標準化推定値が0.238，標準化推定値が0.250です。また，ブラックの数値は固定された値です。たとえば，「抑うつ誤差」から「抑うつ」への影響は，1に固定しています[*39]。また，標準化を行うと誤差分散は1になりますが，図5-1には誤差からの係数を1としたときの誤差分散を示しました。これは「1−決定係数」と同じです。3.3節の最終段落も参照してください。

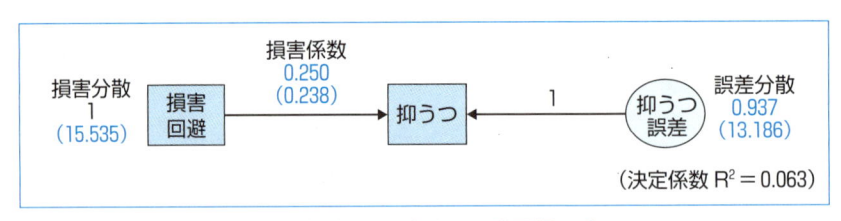

図5-1　損害回避と抑うつの単回帰モデル

（決定係数 $R^2 = 0.063$）

ここで，「損害回避」は5項目の合計得点です。また，「抑うつ」も5項目の合計得点です。データは中学生518名から収集しています。518人の中学生の中には，「抑うつ」の値が高い人もいれば低い人もいます。図5-1の単回帰モデルでは，「抑うつ」の値が各個人でまちまちな理由が，「損害回避」の個人差にあると考えているわけです。

表5-1は，後述する重回帰分析で使用する「友人 N.L.E.」も含めた3変数間の，共分散行列（S，対角を含む下三角要素）と相関行列（上三角）です。「抑うつ」と「損害回避」の相関に注目してください。2変数間には0.250の相関が

表5-1　3変数間の共分散行列（S，下三角）と相関行列（上三角）

	抑うつ	損害回避	友人N.L.E.
抑うつ	14.066	0.250	0.502
損害回避	3.696	15.535	0.139
友人N.L.E.	6.911	2.006	13.468

---

*37　本シリーズ第3巻『社会心理学のための統計学』も参照してください。
*38　「抑うつ」の測定誤差も含みます。
*39　誤差からの影響を固定する理由は，確認的因子分析のとき（3.5節の末尾参照）と同じように，識別のためです。

あるので，「損害回避」によって「抑うつ」をある程度は説明することができそうです。

5.1.2 母数の推定

単回帰モデルや重回帰モデルの結果を求めるためには，さまざまな方法があります。最小2乗法（誤差の2乗和を最小化する方法）が，最もポピュラーでしょう。しかし，ここでは本書の中心的テーマである，共分散構造分析（SEM）によって推定する方法を説明します。推定の原理は確認的因子分析と同じです。つまり，標本データから求まる共分散行列Sと，モデルの母数によって表現される共分散構造Σの違いを，最小にするような母数を推定値とします。

単回帰モデルの母数は，「回帰係数あるいはパス係数（損害係数）」「独立変数の分散（損害分散）」「誤差分散」の3つです。これら3つの母数を使って，表5-2の共分散構造を求めることができます。そして，確認的因子分析の場合と同じように，対

表 5-2 単回帰モデルの共分散構造（Σ）

	抑うつ	損害回避
抑うつ	損害係数^2×損害分散＋誤差分散	損害係数×損害分散
損害回避	損害係数×損害分散	損害分散

応する箇所を等号で結んで連立方程式を解けばよいのです。表5-2の重複のない要素の数（対角を含む下三角要素の数）が示すとおり，ここでは，3本の連立方程式があります。また，母数の数も3つですから，この連立方程式を解くことができます。したがって，単回帰モデルは，自由度が0の飽和モデルになります。

図5-1に推定結果を示しました。単回帰分析では通常，切片（損害回避が0のときの抑うつの値）も母数として推定します。SEMによる推定でも切片を求めることはできますが，ここでは切片を含まないモデルを考えています。

この分析では，変数の単位にはあまり意味がないので，標準化推定値に着目しましょう。図5-1で重要な数値は，損害係数（0.250）です。単回帰モデルは，従属変数に対する独立変数の影響を調べるために行うからです。この数値は，（標準化後の単位で）損害回避が1大きい人は，（標準化後の単位で）「抑うつ」が0.250大きいと解釈します。確認的因子分析の因子負荷量の解釈と同じです。

図5-1に決定係数 $R^2 = 0.063$ という記述があります。これは，因子分析における共通性に対応する概念です。単回帰モデルにおいては，従属変数の分散のうち，独立変数で説明できる割合です。「抑うつ」の値が高い人は「損害回避」の値も高く，「抑うつ」の値が低い人は「損害回避」の値も低いことを，相関の大きさ（表5-1）は示唆しています。したがって，「抑うつ」の個人差は「損害回避」の個人差である程度（6.3%）説明できるわけです。

表5-2の「抑うつ」の分散は，以下のとおりです。

「抑うつ」分散 ＝ 損害係数^2×損害分散＋誤差分散

このうち独立変数で説明できる部分は「損害係数^2×損害分散」です。損害係数は 0.238，損害分散は 15.535 なので，損害係数^2×損害分散＝0.880 となります。また，誤差分散の推定値は 13.186 です。両者を足せば，抑うつの分散は 14.066 になり，表 5-1 の数値と一致します。以上から，決定係数 R^2 は，以下のとおりです。

$$決定係数 = 0.880/(0.880 + 13.186) = 0.880/4.066 = 0.063$$

逆に，誤差で説明される割合（因子分析の独自性に相当）は，以下のとおりです。

$$1 - 0.063 = 0.937$$

5.2 重回帰分析

5.2.1 重回帰モデルのパス図

次に，図 5-2 を見てください。これは重回帰モデルのパス図です。単回帰モデルとの違いは，独立変数として「友人 N.L.E.」が加わっていることです。このように，重回帰モデルは独立変数が 2 つ以上の場合の回帰モデルを指します。「友人 N.L.E.」は，友人とのネガティブ・ライフイベンツを指しています。具体的には，「友達に陰口を言われた」などの 5 項目に対して，「なかった」か「あった」かの回答を求め，「あった」項目に関して，「イヤでなかった」から「とてもイヤであった」の 4 件法で回答を得ました。「友人 N.L.E.」はその 4 件法の 5 項目の和得点です。ただし，「なかった」場合を，「イヤでなかった」としてデータ処理をしました。

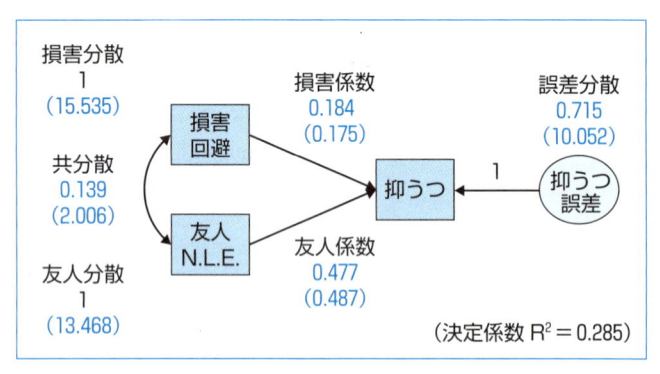

図 5-2 損害回避・友人 N.L.E. と抑うつの重回帰モデル

5.2.2 母数の推定と共分散

表 5-1 を見ると，「友人 N.L.E.」と「抑うつ」との間にも 0.502 の相関があるので，「友人 N.L.E.」を含めることで，「抑うつ」に対する説明力が高まることが期待できます。推定方法は詳述しませんが，単回帰モデルや確認的因子分析モデルと同様に，重回帰モデルの共分散構造

Σを求め，共分散行列 S との違いを最小にするような母数を推定します。

　母数は，「損害係数」「友人係数」「損害分散」「友人分散」「共分散」「誤差分散」の6つです。S の要素も6つなので，推定することができます。したがって，単回帰モデルと同じように，重回帰モデルも自由度が0の飽和モデルです。図 5-2 に推定値を示しました。決定係数 $R^2 = 0.285$ となっており，「友人 N.L.E.」を含めたことで上昇しています。

　ここでのポイントは，損害係数の非標準化推定値が 0.175 となっており，単回帰モデルのときの 0.238 とは違うことです（標準化推定値も異なっています）。これは，「損害回避」と「友人 N.L.E.」の間に，正の共分散（2.006）があることに原因があります。つまり，「損害回避」が高い人は「友人 N.L.E.」も高い傾向があるので，「損害回避」から「抑うつ」へのルートには，「損害回避→抑うつ」のパスと，「友人 N.L.E.」を介したルート（損害回避⟷友人 N.L.E.→抑うつ）の2つがあるのです。重回帰モデルの共分散構造では，「損害回避」と「抑うつ」の共分散が，「損害係数×損害分散＋友人係数×共分散」として表されます。これが，「損害回避」と「抑うつ」の共分散（3.696）と等しくなるように，母数は推定されます。

　一方，単回帰モデルの共分散構造（表 5-2）では，「損害回避」と「抑うつ」の共分散が，「損害係数×損害分散」となっています。単回帰モデルでは「友人 N.L.E.」をモデルに含めていないため，「友人係数×共分散」は含まれないのです。そして，単回帰モデルでも，「損害係数×損害分散」が 3.696 と等しくなるように母数を推定します。したがって，「損害回避→抑うつ」のパス係数（損害係数）は，単回帰モデル（0.238）と重回帰モデル（0.175）で違う値になるのです。重回帰モデルの「損害係数×損害分散＋友人係数×共分散」に当てはめれば，$0.175 \times 15.535 + 0.487 \times 2.006 = 3.696$ となるので，このうち $0.487 \times 2.006 = 0.977$ が，友人を介した効果になります。

5.2.3　パス係数の解釈

　また，このことは，重回帰モデルにおけるパス係数の解釈にも影響します。「損害回避→抑うつ」のパス係数は，「友人 N.L.E.」が一定のとき，あるいは「友人 N.L.E.」の（損害回避への）影響を排除したときに，「損害回避」が1大きい人は，「抑うつ」が 0.175 大きいと解釈します[*40]。波線部の前置きが必要です。言い換えると，友人との間で同程度のネガティブ・ライフイベンツを経験した人の中では，「損害回避」が1大きい人は「抑うつ」が 0.175 大きい，となります。

　図 5-3 に，単回帰モデルと重回帰モデルの解釈の違いを示しました。この図は，9人の対象者からデータを得ており，「友人 N.L.E.」の高中低が3人ずついる状況を示しています（顔をよく見てください）。単回帰のパス係数は，9人全員の中での傾向を表し，重回帰のパス係数は，高中低の3群それぞれの中での共通した傾向を表しています。これが，「友人 N.L.E.」の大き

[*40]　このように解釈する理由は 5.5 節，6.4 節でも説明します。

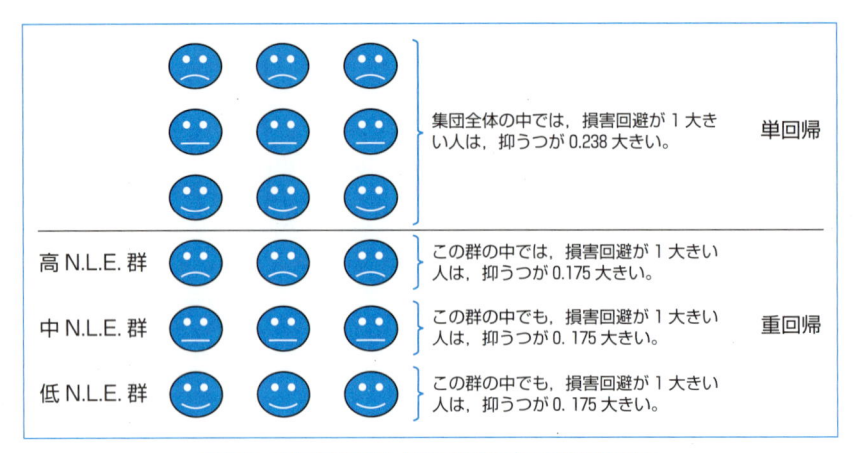

図 5-3　単回帰モデルと重回帰モデルの解釈の違い

さを排除した（影響を受けない）推定値，の意味です。

5.3　標準誤差の考え方

　共分散構造分析（SEM）に限らず，統計モデルの推定値に対しては，"確からしさ"を計算することが可能です。そして，"確からしさ"を数値で表したものを**標準誤差**と呼びます（本シリーズ第1巻『心理学のための統計学入門』第5章を参照）。標準誤差を求めるべき理由の背景には，母集団と標本の関係が隠れています。母集団とは，研究対象となっている全成員からなる集団を指します。たとえば，日本での世論調査ならば，20歳以上の男女（約1億人）を母集団とすることが一般的です。あるいは，自分の所属する大学の学生のことを知りたいのであれば，母集団は「その大学に所属するすべての学生」になります。

　しかし，1億人に対して調査を行うことは，費用や手間の面から不可能ですし，大きな大学であれば，全学生に対して調査を行うことも困難です。そこで，母集団に対してではなく，その一部である標本を選び（これを**標本抽出**と呼びます），その標本から得たデータ（標本データ）の分析を行うことが一般的です。しかし，分析によって本当に知りたい値は母集団の特徴（母数）ですから，標本データの分析結果から得た標本の特徴とは異なります。標本の特徴は，母数（母集団の特徴）に対する推定値なのです。とはいえ，母数を知るためには母集団からデータを得るしかありません。しかし，それは前述のように困難なので，報告するのは推定値（標本の特徴）にならざるを得ません。そこで，推定値と，その"確からしさ"として標準誤差も報告するのです。したがって標準誤差は，"推定値の"標準誤差です。これを表したものが図5-4です。図5-4は，パス係数や分散などの各母数（A，B，C，……）を推定値と標準誤差によって調べることを表しています。

　それでは，標準誤差についてより深く説明していきましょう。標準誤差は，推定値の標準偏差のことですが，これは意味がわかりくいと思います。推定値は1つの値なのに，なぜ標準偏

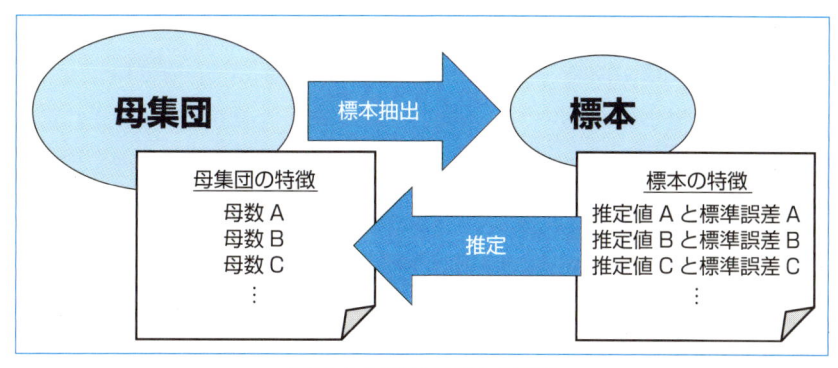

図 5-4　母集団と標本の関係

差を計算することができるのでしょうか。たしかに，1つの標本データから求まる推定値は，1つだけです。しかし，標本データを複数回得ることができた，と考えるとどうでしょうか。たとえば，田中（2006）では中学生 518 名からデータを得ていますが，中学生は 518 名だけではありません。この 518 名は，あくまで母集団（たとえば日本全国の中学生）からの標本なのです。そこで，母集団から別の 518 名を抽出することを考えてみましょう。すると，「損害回避」から「抑うつ」へのパス係数は，今回得られている 0.175（非標準化推定値）とは異なる値になるはずです。

　ここでは，別の 518 名から，0.180 という推定値が得られたとします。そして，さらに別の 518 名からデータを得て，0.168 という推定値が得られたとします。図 5-5 を見てください。この作業を 100 回繰り返せば 100 個の推定値，1000 回繰り返せば 1000 個の推定値を得ることができます。すると，複数個の値があるので，推定値の標準偏差を計算することができるわけです。

　ただし，このようにして 1000 個の推定値を得て，その標準偏差から求まる値は，分析結果として求まる標準誤差と完全には一致しません。標準誤差は，一度きりの標本抽出で得られたデータ（図 5-5 の標本 1）のみから，数理統計学の手法を使って求めます。なお，本節と次節では非標準化推定値の標準誤差に関して説明を行いますが，SEM では相関行列から求まる推定値の標準誤差を求めることも，理論的には可能です。

　標準誤差は，「推定値の確からしさ」の指標ですが，大きい場合と小さい場合の

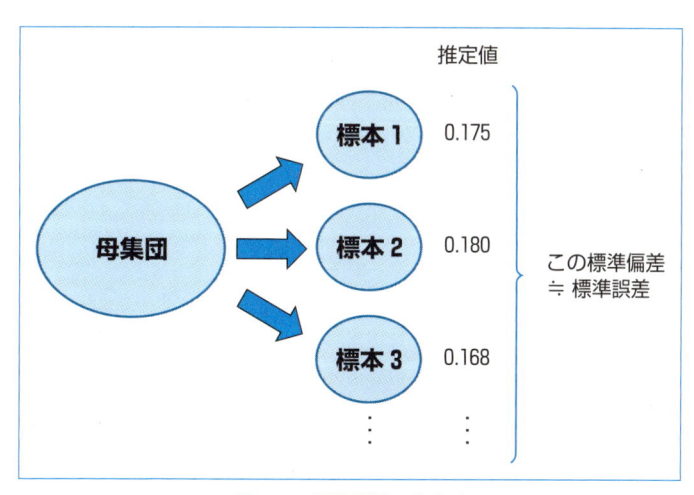

図 5-5　標準誤差の考え方

どちらがより確かといえるでしょうか。それは小さい場合です。標準誤差が小さいことは，複数の標本から求まる推定値が似ている状況を指します。したがって，毎回同じような値が求まるのであれば，一度きりの標本抽出で得たデータから求まった推定値は，確かに母数に近いのではないかと考えられます。逆に，標準誤差が大きいことは，複数の標本から求まる推定値が大きく異なっている状況を指します。そのときには，求まった推定値が母数に近い，とは主張しにくくなります。

5.4 標準誤差を用いた有意性検定とその具体例

　標準誤差は，推定値の標準誤差ですから，同じ標準誤差の値であっても，推定値の大きさによっては実質的な確からしさが異なります。たとえば，標準誤差を 0.5 としましょう。このとき，推定値が 1 ならば，0.5 という標準誤差はとても大きな値といえます。仮に別の標本を取ったとすると，1.5 や 0.5 という推定値になる可能性も十分あるからです。一方，0.5 という標準誤差に対して推定値が 100 ならば，母数にかなり近い推定値といえます。

　この感覚を数値で示しているものが，推定値/標準誤差です。標準誤差に比べて，推定値がどの程度大きいかを示しています。そして，この推定値/標準誤差を用いて，推定値の有意性検定を行うことが可能です。したがって，推定値/標準誤差は検定統計量です。

　推定値/標準誤差の絶対値が 1.96 を超えれば，両側検定の 5% 水準で有意になります（本シリーズ第 1 巻『心理学のための統計学入門』第 6 章を参照）。この検定では，母数が 0 の場合に，この検定統計量が標準正規分布（平均 0，分散 1 の正規分布）に従うことを利用しています。言い換えると，母集団において独立変数が従属変数に影響しない状況を，帰無仮説としています。

　図 5-6 は，推定値の大きさと標準誤差の大きさが，検定統計量に与える影響を示したものです。推定値は分子ですから，推定値が大きいほど検定統計量が大きくなります。推定値が大きいほど，母集団において独立変数が従属変数に影響している（有意である）可能性が高いわけですから，検定統計量も大きくなります。分母の標準誤差については，小さいほど検定統計量が大きくなります。5.3 節の最後で述べたように，標準誤差が小さいほど，母数と推定値が近

$$検定統計量 = \frac{推定値}{標準誤差}$$

推定値が大きいほど検定統計量は大きい。
推定値が大きい＝母集団でも独立変数が影響していそうだ。

標準誤差が小さいほど検定統計量は大きい。
標準誤差が小さい＝推定値と母数が近い可能性が高い。

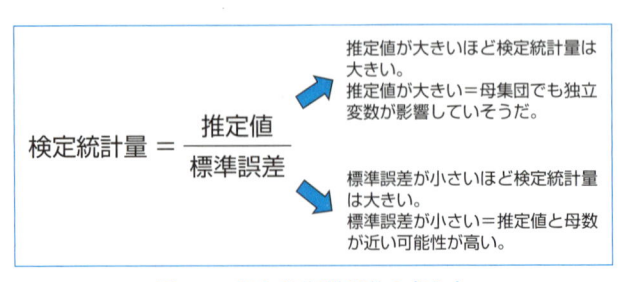

図 5-6　推定値/標準誤差の考え方

い可能性が高いからです。推定値が大きく，標準誤差が小さいときには，その大きな推定値が母数に近い値である可能性が高いので有意になるのです。

表 5-3 に，図 5-1 の単回帰モデルと図 5-2 の重回帰モデルの推定値と，その標準誤差を示しました。表 5-3 では，すべての推定値に関して，検定統計量の絶対値が 1.96 を超えています。また，p 値を見れば，高度に有意[*41]であることもわかります。したがって，単回帰モデルにおいて「損害回避」は，確かに「抑うつ」に影響を与えるといえます。重回帰モデルにおいては，「友人 N.L.E.」が同程度の中学生の間では，「損害回避」が高いほど確かに「抑うつ」も高いといえます。また，「損害回避」が同程度の中学生の間では，「友人 N.L.E.」が高いほど確かに「抑うつ」も高いといえます。標本データから検証する有意性は，あくまで母集団において影響があるか否かの可能性の話です。p 値が低いほど可能性が高いので，"確かに" という表現をしています。

表 5-3　推定値・標準誤差・p 値

モデル	独立変数	推定値	標準誤差	推定値/標準誤差	p 値
単回帰	損害回避	0.238	0.041	5.805	0.000
重回帰	損害回避	0.175	0.036	4.861	0.000
	友人 N.L.E.	0.487	0.038	12.816	0.000

5.5　パス解析モデル（3 変数：その 1）

観測変数間の関係をパスで表したモデルを，**パス解析モデル**と呼びます。図 5-7 は，これまでと同じ 3 変数を用いた，パス解析モデルの例です。このモデルと図 5-2 の重回帰モデルとでは，「損害回避」と「友人 N.L.E.」との関係が異なります。図 5-2 では，「損害回避」と「友人 N.L.E.」が並列の関係だったのに対して，図 5-7 では，「損害回避」が「友人 N.L.E.」に対し

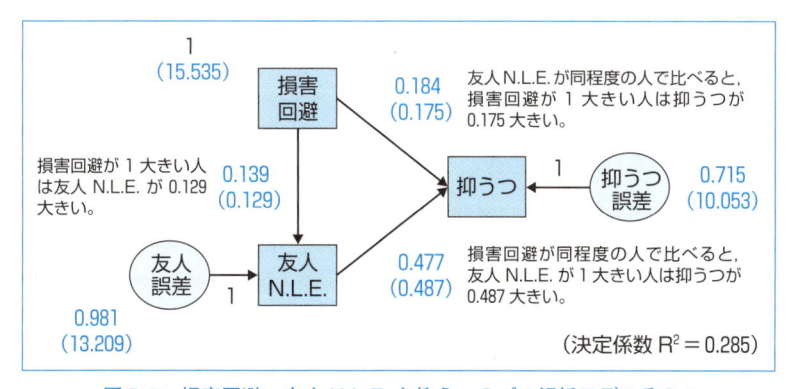

図 5-7　損害回避・友人 N.L.E. と抑うつのパス解析モデルその 1

[*41]　0.000 は極めて小さな p 値であることを示しています。

て影響を与えています。

5.5.1 パス図の表す意味

「損害回避→友人 N.L.E.」のパスは，「損害回避」は友人とのネガティブな出来事を誘発するのではないか，あるいは，「損害回避」が高い中学生ほど友人との間での些細な出来事を重大にとらえる傾向があるのではないか，という仮説を表していると考えられます。「友人 N.L.E.」は，友人との間のネガティブな出来事が発生したとき，それに対してどう思ったか，という評定値です。したがって，このパスは後者の仮説を表してます。

「損害回避」が「友人 N.L.E.」に影響を与えた結果，「友人 N.L.E.」には誤差が発生します。この誤差は，「友人 N.L.E.」のうち，「損害回避」では説明しきれない部分を表しています。「損害回避」と「友人 N.L.E.」との間で単回帰分析を行うときの誤差と，意味は同じです。そして，その誤差分散は，非標準化推定値が 13.209，標準化推定値が 0.981 です。

パス解析では，各変数が独立変数と従属変数のどちらかに分類されるのではなく，両方の役割をもつ変数が登場します。図 5-7 では，「友人 N.L.E.」が「損害回避」との関係では従属変数であり，「抑うつ」との関係では独立変数になっています。3.5 節では**内生変数・外生変数**という言葉を定義しました[*42]。「損害回避」は外生変数，「友人 N.L.E.」と「抑うつ」は内生変数になります。

このモデルでは，「損害回避」は 2 つのルートを通って「抑うつ」に影響を与えています。1 つめは，「損害回避」から「抑うつ」への直接的なパス（非標準化推定値は 0.175）です。このパスの影響は**直接効果**と呼びます。2 つめは，「友人 N.L.E.」を介した，「抑うつ」への間接的なパスです。この影響を**間接効果**と呼びます。間接効果はパス係数の積になるので，この場合は $0.129 \times 0.487 = 0.063$ です。そして，直接効果と間接効果の和を，**総合効果**と呼びます[*43]。つまり，総合効果は，「損害回避」から「抑うつ」へはさまざまな経路があるけれども，すべての経路の効果を総合するとどれだけになるか，を表しています。この場合は，$0.175 + 0.129 \times 0.487 = 0.238$ となります[*44]。

5.5.2 直接効果の解釈

直接効果の解釈は，「損害回避」が 1 大きい人は，「抑うつ」が平均的に 0.175 大きい，では

---

*42 潜在変数・観測変数に限らず，単方向パスを 1 本でも受けている変数のことを内生変数，単方向パスを 1 本も受けていない変数のことを外生変数と呼びます。

*43 SEM の出力では，標準誤差は直接効果に関してのみ示されることが一般的です。しかし，間接効果や総合効果についても示すことが可能です。そして，検定を行うこともできます。詳しくは，尾崎 (2003) をご覧ください。

*44 この 0.238 という数値は，「損害回避→抑うつ」の単回帰分析の回帰係数（図 5-1）と同じです。標準化されている場合で計算してみましょう。直接効果は 0.184，間接効果はパス係数の積になりますから $0.139 \times 0.477 = 0.066$ です。したがって，総合効果は $0.184 + 0.066 = 0.250$ となり，損害回避から抑うつへの標準化パス係数（図 5-1），あるいはそれらの間の相関係数（表 5-1）と一致します。

ありません。「損害回避」と「抑うつ」の共分散や相関のように解釈してもいけません。これはよく間違えるポイントなので注意してください。

直接効果の解釈の仕方を説明するために，抑うつに対する影響に関して，このパス解析モデルを方程式で記述してみましょう。すると，以下のようになります。

$$\boxed{抑うつ} = 0.175 \times \boxed{損害回避} + 0.487 \times \boxed{友人 N.L.E.} + \boxed{抑うつ誤差} \quad [5\text{-}①]$$

ここで，「友人 N.L.E.」は変えずに，損害回避だけを1大きくしてみます。すると方程式は，以下のように変わります。

$$\boxed{抑うつ^*} = 0.175 \times (\boxed{損害回避} + 1) + 0.487 \times \boxed{友人 N.L.E.} + \boxed{抑うつ誤差^*} \quad [5\text{-}②]$$

「損害回避」を1大きくしたので，「抑うつ」と「抑うつ誤差」は［5-①］式のものとは異なります。そこで，「抑うつ*」と「抑うつ誤差*」としました。そして，［5-②］式から［5-①］式を引き，期待値[*45]を求めると，以下のようになります。

$$「\boxed{抑うつ^*} - \boxed{抑うつ}」の平均的な値 = 0.175 \quad [5\text{-}③]$$

［5-③］式の右辺には0.175が残っています。これは直接効果の推定値そのものですから，直接効果を解釈するためには，［5-③］式の左辺が何であるかを考えればよいことになります。

［5-②］式は，［5-①］式よりも「損害回避」が1大きい（ただし，「友人 N.L.E.」は同じ）人に関する方程式です。そして，［5-③］式は，2つの式の引き算の結果から求まるので，直接効果の解釈は，「友人 N.L.E.」が同程度の人どうしで比べると，「損害回避」が1大きい人は「抑うつ」が0.175大きい，となります。くどいように思うかもしれませんが，波線部の前置きが重要です。また，「友人 N.L.E.」からの影響（0.487）については，［5-①］式において「損害回避」を変えずに「友人 N.L.E.」のみを1大きくすれば，同じように解釈できることがわかります。つまり，「損害回避」が同程度の人どうしで比べると，「友人 N.L.E.」が1大きい人は「抑うつ」が0.487大きい，となります。

なお，標準化推定値についても，「従属変数に影響を与える独立変数が同程度の人どうしで比べると」，という言葉を入れた同様の解釈を行う必要があります。ただし，標準化推定値は1大きくなることが，「標準化後の変数が1大きくなること」を意味していることに，注意が必要です。

また，「損害回避→友人 N.L.E.」のパス係数については，「損害回避」が1大きい人は，「友人 N.L.E.」が0.129大きい，と解釈します。これは，「友人 N.L.E.」を従属変数とした方程式が，

[*45] 期待値に関しては，豊田（1998）などを参照してください。抑うつ誤差と抑うつ誤差*はともに，期待値を計算すると0になるので，［5-③］式が成立します。

以下のようになり，0.129 という値の解釈をする際に，他の変数を固定する必要がないからです。

$$\boxed{友人\,\text{N.L.E.}} = 0.129 \times \boxed{損害回避} + \boxed{友人誤差} \qquad [5\text{-}④]$$

5.5.3 重回帰モデルとパス解析モデル

ここでの直接効果の推定値（0.175）は，5.2 節で説明した，重回帰モデルにおける「損害回避」からのパス係数の推定値と同じです。解釈も同じです[*46]。友人 N.L.E. から抑うつへのパス係数（0.487），抑うつ誤差の分散（10.053），損害回避の分散（15.535）についても，推定値は同じです。また，3 変数なので連立方程式の数は 6 になり，母数の数は，重回帰モデルもパス解析モデルも 6 個です。したがって，「連立方程式の数－母数の数」は 0 となり，どちらのモデルも自由度が 0 の，飽和モデルになります。

以上から，重回帰モデルと，ここでのパス解析モデルは異なるモデルであるにもかかわらず，本質的に同じ結果になることがわかります。重回帰モデルとパス解析モデルのどちらが良いのかという問いは，変数間の関係としてどちらが適切なのかに依存します。SEM では，モデル比較を行うための基準として適合度があります。しかし，3 変数の場合の重回帰モデルとパス解析モデルはともに飽和モデルなので，χ^2 値は 0 となり，適合度では比べることができません[*47]。

5.6 パス解析モデル（3 変数：その 2）

心理学的には考えにくいことですが，統計モデルとして図 5-8 のパス解析モデルを考えることができます。これは，「損害回避」から「抑うつ」への直接効果がなく，「損害回避」は「友人 N.L.E.」を介して「抑うつ」へ影響を与えるというモデルです。

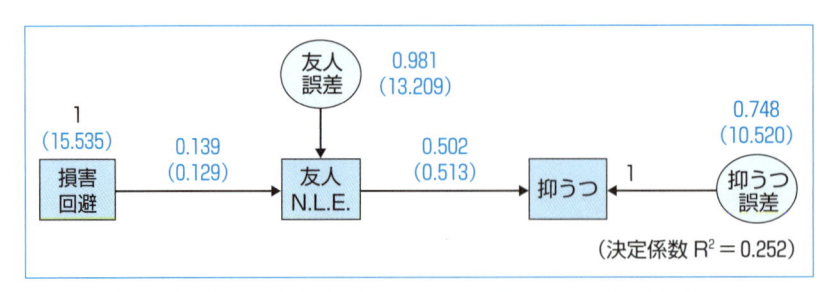

図 5-8 　損害回避・友人 N.L.E. と抑うつのパス解析モデルその 2

[*46] 図 5-2 の重回帰モデルでも，抑うつに対する方程式は [5-①] 式になります。重回帰分析のパス係数と，パス解析のパス係数の解釈が等しくなる理由も同じです。

[*47] このように，適合度が等しいような異なるモデルを**同値モデル**と呼びます。パス解析モデルにはより多くのバリエーションがあり，それらのなかには飽和モデルではないものもあります。たとえば，図 5-8 のパス解析モデルは飽和モデルではありません。

第 5 章 抑うつを説明する —— 単回帰分析・重回帰分析・パス解析と標準誤差

　図 5-7 のパス解析では，「損害回避」から「抑うつ」への直接効果が比較的小さかったので，もしかするとこのモデルの適合は良いかもしれません。しかし，実際にはこのモデルの適合度は RMSEA = 0.208，CFI = 0.876，SRMR = 0.060 でした。特に RMSEA が極めて悪い値です。この結果から，「損害回避」から「抑うつ」へのパスの必要性が明確になったといえます。

> **質問コーナー**
>
> **いくつかのモデル比較を行い，最適なモデルの結果を報告しようと考えました。ところが，良さそうなモデルが複数個あり，それらの適合度はほとんど同じです。どのモデルの分析結果を報告すればよいのでしょうか？**
>
> 　SEM（に限らず統計モデル）は，あくまで標本データを分析しています。したがって，異なる標本から得られたデータを分析した場合には，細かな部分については異なる結果が得られるでしょう。逆に，大まかにいって同じ結果になることも期待できます。よって，最適なモデルを探るときには，細かな部分まで追求しすぎずに，「大まかにいってこのようなモデルが良いといえる」という姿勢で解釈することが大切です。
>
> 　適合度指標では区別できないような複数の良さそうなモデルは，どれも共通した部分をもっていることが一般的です。最適な 1 つのモデルを見つけることが難しい場合には，複数の良さそうなモデルの共通部分に関して積極的に解釈し，モデル間で異なる部分については細かな解釈を控えることが賢明です。
>
> 表　モデル比較
>
> | モデル | AIC | RMSEA | SRMR | モデルの特徴 |
> |---|---|---|---|---|
> | 1 | 34.1 | 0.037 | 0.026 | パス A あり |
> | 2 | 34.5 | 0.038 | 0.025 | パス A あり |
> | 3 | 34.6 | 0.038 | 0.026 | パス A あり |
> | 4 | 42.8 | 0.044 | 0.046 | パス A なし |
> | 5 | 42.9 | 0.044 | 0.048 | パス A なし |
> | 6 | 43.2 | 0.046 | 0.048 | パス A なし |
>
> 　表は仮想の 6 つのモデルの比較結果です。モデル 1, 2, 3 と，モデル 4, 5, 6 では，前者のモデル群のほうが適合は良さそうですが，モデル 1, 2, 3 の中から 1 つのモデルを採択することは難しい状況です。このとき，1 つのモデルを無理に採択するのではなく，モデル 1, 2, 3 に共通する部分を解釈するのです。たとえば，モデル 1, 2, 3 にはパス A があり，モデル 4, 5, 6 にはパス A がないとします。この結果から，パス A は必要であることがわかります。しかし，モデル 1, 2, 3 の適合度はどれも同じ程度なので，たとえばモデル 1 を選択して，モデル 1 がモデル 2, 4 と異なる部分を解釈するのは避けるべきです。

【文献】

尾崎幸謙（2003）．間接効果の標準誤差の求め方・総合効果の標準誤差の求め方．豊田秀樹編著　共分散構造分析：構造方程式モデリング［疑問編］．朝倉書店，pp.161-164.

田中麻未（2006）．パーソナリティ特性およびネガティブ・ライフイベンツが思春期の抑うつに及ぼす影響．パーソナリティ研究，**14** (2)，149-160.

豊田秀樹（1998）．共分散構造分析：構造方程式モデリング［入門編］．朝倉書店

Quiz

> 理解できたか
> チェック
> してみよう！

問1：【要ソフトウェア】 表は，抑うつ・親N.L.E.（親とのネガティブ・ライフイベンツ）・学業N.L.E.（学業に関するネガティブ・ライフイベンツ）の，共分散行列（対角を含む下三角要素）および相関行列（上三角要素）です。これら3変数は観測変数の合計とします。抑うつを従属変数，親N.L.E.・学業N.L.E.を独立変数とした重回帰モデルによって分析を行い，図の結果と一致すること，単方向のパス係数がともに高度に有意になること，飽和モデルになることを確認してください。ただし，標本サイズは518とします。

表　3変数間の共分散行列（S，下三角）と相関行列（上三角）

	親N.L.E.	学業N.L.E.	抑うつ
親N.L.E.	4.137	0.485	0.334
学業N.L.E.	2.326	5.569	0.360
抑うつ	2.548	3.180	14.038

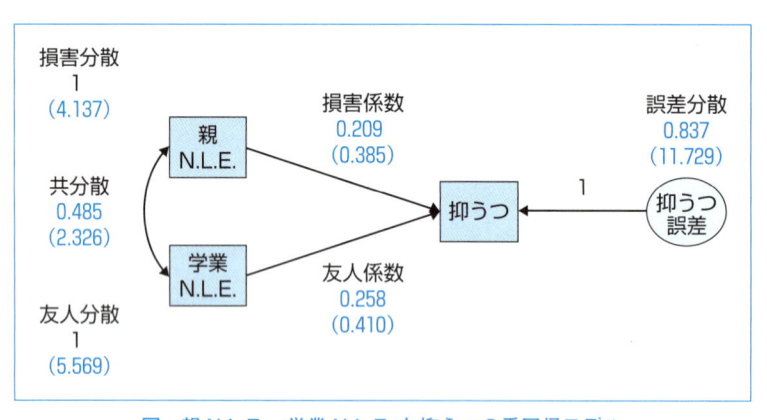

図　親N.L.E.・学業N.L.E.と抑うつの重回帰モデル

問2： 決定係数は示されていませんが，図の数値から判断するといくつになるでしょうか。

問3： 表で「親N.L.E.→抑うつ」の単回帰分析を行うと，回帰係数（標準化）はいくつになるでしょうか。また，この回帰係数（標準化）と，親N.L.E.から抑うつへのパス係数0.209（標準化）の解釈上の違いを，説明してください。

第6章 抑うつの規定要因を理解する —— 因子間のパス解析

　本章では，前章に引き続き田中（2006）を用いて，「抑うつ」「損害回避」「友人 N.L.E.」の間の関係を調べていきましょう。前章との違いは，これらの変数を観測変数の合計[*48]ではなく，潜在変数として扱うことです。潜在変数として扱うということは，第1〜3章で説明した確認的因子分析によって，これらの変数を因子として扱うということです。そして，観測変数ではなく因子の間で，重回帰モデルやパス解析モデルを構築します。したがって，本章は第1〜3章と第5章を統合する章といえます[*49]。

6.1 因子を用いる理由

　本章では観測変数間ではなく，因子間のパス解析を説明します。そもそも，なぜ因子を扱うのでしょうか。それには3つの理由があります。それらは，① 観測変数の合計よりも因子のほうが研究目的に適しているから，② 希薄化の修正が行われるから，③ 適合度によってモデルの良し悪しを判断することができるようになるから，です。

6.1.1 誤差の除外

　1つめの理由について説明します。まず，次の［6-①］式の因子分析モデルを見てみましょう。

$$\boxed{観測変数} = 因子負荷量 \times \boxed{因子得点} + \boxed{誤差} \qquad [6\text{-}①]$$

　ここで重要なのは，観測変数には誤差が入っていることです。

　誤差に関して復習をしましょう。［6-①］式の誤差は，特殊因子と測定誤差に分類できます（1.4節も参照してください）。特殊因子とは，観測変数が表している事柄のうち，因子とは無関係なものです。たとえば，1.4節では観測変数を「社会」の得点，因子を「文系因子」とした場合，「暗記力」が特殊因子であると述べました。そして，測定誤差とは，調査票に対する回

[*48] 第5章では，「抑うつ」「損害回避」「友人 N.L.E.」を測定するそれぞれ5つの観測変数の合計が，パス図中の観測変数でした。
[*49] 第4章で述べた信頼性と妥当性は，これらの観測変数の合計や因子を用いることの適切性の指標です。

答のブレや，その日の体調など，測定しようと考えている構成概念（因子）とは無関係なもののことです。ランダムな影響ですが，観測変数の一部になっています。特殊因子も観測変数とは関係があります。しかし，測定誤差も特殊因子もともに，因子と無関係です。

研究において知りたいことは，誤差（＝測定誤差＋特殊因子）ではなく，構成概念としての因子（因子得点）であるはずです。そして，研究において収集したデータに，誤差はできる限り含まれて欲しくないはずです。なぜなら誤差は，知りたいこと（＝構成概念）ではなく，知りたいことを見にくくするものに他ならないからです。

私たちが手に入れることができるものは，観測変数（データ）ですが，それは［6-①］式のとおり，本当に知りたい因子に誤差が加わったものになってしまっています。そして，観測変数（データとして収集できるもの）から誤差（邪魔なもの）を除外し，因子（本当に知りたいもの[*50]）を取り出すことが可能な手法が，因子分析なのです。第1～3章では，観測変数をまとめるための手法として因子分析を説明しましたが，本当に知りたいものを取り出すための手法として，とらえることもできます。

それでは，2つの構成概念間の関連を知りたいとき，観測変数間の相関を計算することと，因子間の相関を計算することの，どちらのほうが研究目的に適しているでしょうか。それは因子間の相関（本当に知りたいものの間の相関）です。これが，因子間のモデルを扱う1つめの理由です。

6.1.2　希薄化の修正

2つめは，因子間のモデルにすることで，希薄化の修正を行うことができるからです。これは 2.10 節で述べたことです。2.10 節では，「調和性」因子 A と「神経質傾向」因子 N の間の相関は，因子間の相関では -0.237，両者を測定する観測変数の合計得点間の相関では -0.127 となっていました。因子得点間の相関のほうが，絶対値が大きくなっています。

6.1.3　適合度による判断

3つめは，適合度によって，モデルの良し悪しを判断することができるようになることです。図 5-1 の単回帰モデル，図 5-2 の重回帰モデル，図 5-7 のパス解析モデルは，連立方程式の数と母数の数が等しいため飽和モデルとなり，完全な適合を示しています。しかし，これはモデルとデータが適合しているというよりは，モデルの性質によるものです。どのような共分散行列をもつデータでも，重回帰モデルを当てはめれば適合は完全になります。完全な適合は一見すると良いことのように思えますが，データにかかわらず適合が完全になることは，モデルとデータの当てはまりがわからないともいえます。

一方，観測変数の合計の代わりに因子を導入すると，適合度を調べることができるようになり

[*50] ただし，因子分析で真の構成概念が測定できるわけでは必ずしもありません。因子分析はあくまで，構成概念の測定を目指すものです。

ます（その理由と具体例は次節で示します）。単回帰モデルや重回帰モデルはとても有用な統計モデルですが，適合がわかる状況を作ることができるのであれば，それに越したことはありません。

一般に，モデルを構成する場合には，構成概念間に関係があることを想定します。したがって，構成概念間の相関は，小さい場合よりも大きい場合のほうが研究目的にとって望ましいと考えられます。これまで説明してきたように，構成概念を観測変数の合計とするよりも因子としたほうが，相関が大きくなります。そればかりでなく，因子としたほうが，知りたいものの間の関係を推定できていることにもなります。そして，適合度も調べることができるようになります。

以上が，観測変数間の合計ではなく，因子を用いてモデルを構成する理由です[*51]。次節では，第5章で登場した観測変数の合計を用いたモデルを，因子間のモデルとして再分析してみましょう。

6.2 因子間の重回帰モデル

図6-1は，観測変数間の重回帰モデル（図5-2）を，因子間の重回帰モデルとして再分析した結果です。このパス図は，大きく2つのパートに分かれています。1つめは，確認的因子分析のパートです。各因子はそれぞれ，5つの観測変数を用いた確認的因子分析によって測定されています。図6-1では，煩雑になるため，最初と最後の観測変数のみを示しています。また，同様の理由で，因子負荷量と観測変数の誤差分散の推定値も，示していません。2つめは，重回帰分析のパートです。第5章で行った分析を，本章では因子間で行っています。このモデルの適合度は，RMSEA = 0.050，SRMR = 0.051，CFI = 0.956であり，データに対する当てはまりの良いモデルといえます。

6.2.1 希薄化の修正

第5章と同じように，ここでもカッコの上に示した標準化推定値を見ていきましょう。前節で説明したように，因子間で分析を行うと希薄化を修正できるはずです。それは達成できているでしょうか。表6-1に，図5-2と図6-1の推定値の比較結果を示しました。「損害回避」と「友人 N.L.E.」の相関と，「友人 N.L.E.」から「抑うつ」へのパス係数は，因子間の場合のほうが大きくなっています。そして，決定係数は0.127（= 0.412 − 0.285）大きくなっています。これは，希薄化の修正が行われた結果です。しかし，「損害回避」から「抑うつ」へのパス係数（損害係数）は，0.184から0.161へ小さくなっています。これはなぜでしょうか。

それを調べるために作成した相関行列が表6-2です。表6-2の上三角部分は，観測変数の合

[*51] ただし，因子を導入するとモデル（パス図）が複雑になるので，推定値がうまく求まらなくなることもあります。

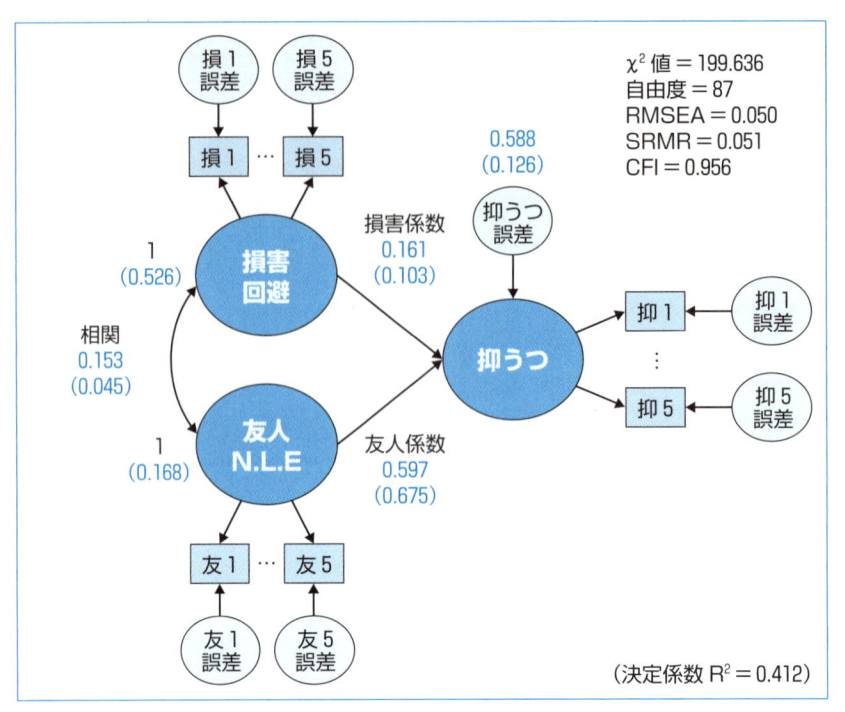

図6-1　因子間の重回帰モデル

表6-1　2つの重回帰モデルの標準化推定値の比較

変数	損害と友人の相関	損害係数	友人係数	決定係数
観測変数の合計（図5-2）	0.139	0.184	0.477	0.285
因子（図6-1）	0.153	0.161	0.597	0.412

計を使ったときの3つの変数間の相関（表5-1の数値と同じです），下三角部分は，図6-1の推定結果から求められる（[6-②]式のように求めます）因子間の相関行列です。

表6-2から，「損害回避」と「抑うつ」の相関は，観測変数の合計を使ったとき（0.250）で

表6-2　3変数間の相関行列（上三角は観測変数の合計間と下三角は因子間）

	抑うつ	損害回避	友人N.L.E.
抑うつ	1.000	0.250	0.502
損害回避	0.252	1.000	0.139
友人N.L.E.	0.622	0.153	1.000

も，因子間のとき（0.252）でも，ほぼ同じであることがわかります。逆に，その他の箇所は，因子間のときのほうが大きくなっています。

「損害回避」と「抑うつ」の相関は，図6-1の表現を使うと以下のようになります。

$$\text{相関（損害，抑うつ）} = \text{損害係数} + \text{相関（損害，友人）} \times \text{友人係数} \quad [6\text{-}②]$$

[6-②]式は，因子間の場合でも，合計間の場合でも，成り立ちます。因子間の場合には，「友人N.L.E.」と「抑うつ」の間の相関が0.622であり，合計間の0.502と比べてやや高めです。

したがって，右辺のうち「友人 N.L.E.」→「抑うつ」への影響を表す友人係数は，因子間のほう（0.597）が合計間のほう（0.477）と比べて大きな値になります。また，相関（損害，友人）は，因子間のほう（0.153）が合計間のほう（0.139）よりもやや大きめです。したがって，右辺の相関（損害，友人）×「友人係数」は，因子間のほうが大きな値となります。

一方，左辺は，因子間のとき（0.252）と合計間のとき（0.250）で，ほぼ同じです。よって，パス係数（損害係数）は，因子のときのほうが小さな値になってしまうのです。希薄化の修正によって，構成概念を観測変数の合計として表すよりも，因子として表すほうが，構成概念間の相関は高くなります。ところが，図 6-1 のように，相関は高くなっても，パス係数が小さくなることはありうるのです。

6.3 適合度が求まる理由

因子間のモデルを構成することが好ましい 3 つめの理由は，適合度が求まることでした。それでは，なぜ適合度を求めることができるのでしょうか。第 2 章で図 6-2 の 2 因子の確認的因子分析モデルを説明した際，表 6-3 の推定された共分散構造 Σ を示しました。推定された Σ は，4 つの観測変数間の共分散行列に対して立てたモデルから求まります。つまり，因子間のモデルであったとしても，モデルを立てる対象は，観測変数間の共分散行列です。

したがって，図 6-1 の因子間の重回帰モデルについても，15 個（各因子について 5 つの観測変数）の観測変数間の共分散行列に対して，モデルを立てているわけです。図 6-1 の因子間の重回帰モデルでは，連立方程式が 15×16/2 = 120 個求まります。つまり，母数を 120 個まで推定することができます。実際に推定した母数の数は，因子負荷量が各因子について 4 つ（5 つの因子負荷量のうちの 1 つを 1 にして識別しています），観測変数の誤差分散が各因子について 5 つ，因子の分散が 2 つ，因子の誤差分散が 1 つ，因子間のパス係数が 2 つ，因子間相関が 1 つの，合計 33 個です。したがって，図 6-1 にも示しているように自由度は 120−33 = 87 となり，自由度が正なので適合度を求めることができます。

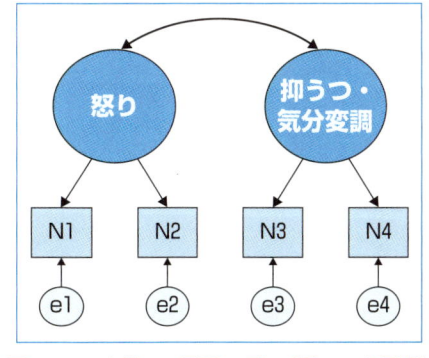

図 6-2　4 変数の 2 因子モデル（図 2-3 を再掲）

表 6-3　4 変数間の推定された共分散構造（推定された Σ）（表 2-4 を再掲）

	N1	N2	N3	N4
N1	2.448	1.659	1.462	1.080
N2	1.659	2.356	1.396	1.031
N3	1.462	1.396	2.548	0.909
N4	1.080	1.031	0.909	2.435

因子間のモデルで適合度を調べることができるのは，重回帰モデルだけではありません。よりシンプルな単回帰モデルについても，独立変数と従属変数を（あるいはどちらか一方を）因子にすれば，適合度を調べることができるようになります。

6.4 因子間のパス解析モデル

本節では，因子をもう1つ増やして，パス解析モデルを分析してみましょう。増やした因子は「親N.L.E.」です。これは，親とのネガティブ・ライフイベンツを指しています。具体的には，「親に相談事（話したいこと）があったのに，ちゃんと聞いてくれなかった」などの3項目に対して，「なかった」か「あった」かの回答を求め，「あった」項目に関して，「イヤでなかった」から「とてもイヤであった」の4件法で回答を得ました。そして「友人N.L.E.」と同じように，「なかった」場合には「イヤでなかった」と同じ得点としました。「親N.L.E.」は，3つの観測変数によって測定した因子です。

6.4.1 パス図とモデルの解釈

図6-3に，パス図と推定結果を示しました。煩雑になるため，このパス図には観測変数を描いていません。このような図示の簡略化はしばしば行われます。また，非標準化推定値も示していません。

このパス図は，「抑うつ」を，「損害回避」「友人N.L.E.」「親N.L.E.」によって説明するモデルです。そして，「友人N.L.E.」と「親N.L.E.」は，「損害回避」から影響を受けています。これは，「損害回避」が高い中学生ほど，友人や親との間での些細な出来事を重大にとらえる傾向があるのではないか，という仮説を表しています。このパス図では，「友人誤差」と「親誤差」との間に，双方向パスが引かれています。これは，「損害回避」以外にも，「友人N.L.E.」と

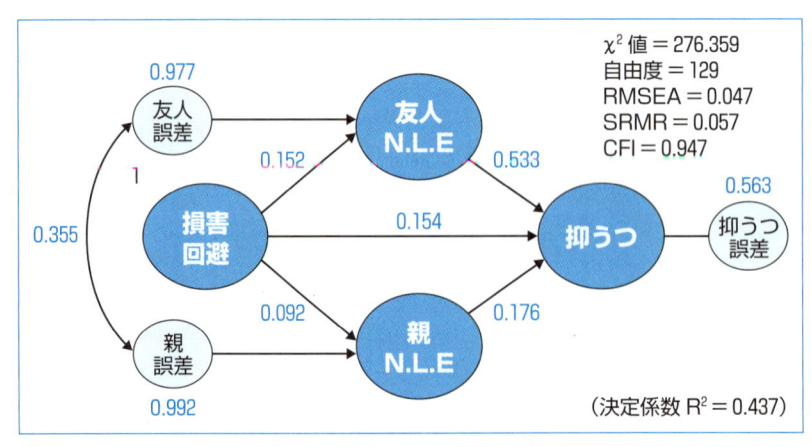

図6-3 因子間のパス解析モデル

χ^2値 = 276.359
自由度 = 129
RMSEA = 0.047
SRMR = 0.057
CFI = 0.947

（決定係数 R^2 = 0.437）

「親 N.L.E.」に共通する部分が存在するのではないか、という仮説を表しています[*52]。たとえばそれは、ライフイベントをネガティブにとらえてしまいがちな、(損害回避以外の) パーソナリティを指しています。

適合度を見ると、このモデルもデータに良く当てはまっています。また、このモデルも、因子ではなく観測変数あるいは観測変数の合計の場合には、適合度を調べることができません。自由度が 0 の飽和モデルになってしまうからです。

それでは、「抑うつ」に注目してこのモデルの解釈を行ってみましょう。このパス図は、「損害回避」が「抑うつ」に影響を与えるルートを表しています。そのルートは 3 本あり、1 本めは「抑うつ」への直接的なルート、2 本めは「友人 N.L.E.」を経由した間接的なルート、3 本めは「親 N.L.E.」を経由した間接的なルートです。つまり、1 つの直接効果と 2 つの間接効果があり、それぞれは、0.154、0.081 = 0.152×0.533、0.016 = 0.092×0.176 となります。「損害回避」から「友人 N.L.E.」と「親 N.L.E.」へのパス係数が小さいため、間接効果も小さな値になっています。そして、これらを合計した値は 0.251 となり、これが総合効果です。数値を四捨五入した影響で完全に一致していませんが、標準化された総合効果は、「損害回避」と「抑うつ」との相関 (0.250) と一致します。

6.4.2　決定係数の分解

次に、やや難しくなりますが、「抑うつ」の決定係数を分解してみましょう。図 6-3 をよく見ると、「抑うつ」に対する根本的な原因は、「損害回避」だけではないことがわかります。「友人誤差」と「親誤差」も根本的な原因です。「抑うつ」を左辺とした式は (損害回避を「損」、友人 N.L.E. を「友」、親 N.L.E. を「親」、各誤差を「抑誤差」「友誤差」「親誤差」とすると) [6-③] 式のようになり、3 つの外生変数 (損、友誤差、親誤差) を独立変数としたモデルで表すことができます。

$$
\begin{aligned}
\text{抑うつ} &= 0.533 \times \text{友} + 0.176 \times \text{親} + 0.154 \times \text{損} + \text{抑誤差} \\
&= 0.533 \times (0.152 \times \text{損} + \text{友誤差}) + 0.176 \\
&\quad \times (0.092 \times \text{損} + \text{親誤差}) + 0.154 \times \text{損} + \text{抑誤差} \\
&= 0.251 \times \text{損} + 0.533 \times \text{友誤差} + 0.176 \times \text{親誤差} + \text{抑誤差}
\end{aligned}
\quad [6\text{-}③]
$$

損害回避からの影響は 0.251 になり、前述のとおり総合効果の値と一致します。抑うつの分散を計算すると、[6-④] 式のようになります。

[*52] 誤差間に双方向パスを引く場合には、このように理由が必要です。この双方向パスは、より細かくいえば、「友人 N.L.E.」の誤差に含まれる特殊因子と、「親 N.L.E.」の誤差に含まれる特殊因子の間の相関です。測定誤差はランダムな値なので、それぞれの測定誤差間の相関は 0 だからです。

$$\text{抑うつの分散} = 0.251^2 + \text{その他の要因} + \text{抑うつの誤差分散} \qquad [6\text{-}④]$$

「その他の要因」は,「友人誤差」と「親誤差」を原因とする部分であり,[6-⑤]式のようになります。

$$\begin{aligned}\text{その他の要因} &= 0.533^2 \times \text{友誤差分散} + 0.176^2 \times \text{親誤差分散} + \\ & \quad 2 \times 0.533 \times 0.176 \times \text{誤差間共分散(友人,親)} \qquad [6\text{-}⑤] \\ &= 0.374\end{aligned}$$

抑うつの分散が(標準化されているので)1,抑うつの誤差分散が 0.563 になるので,整理すると,[6-⑥]式となります[*53]。

$$\text{抑うつの分散 (1.0)} = \text{総合効果の2乗 (0.063)} + \text{その他の要因 (0.374)} + \text{抑うつの誤差分散 (0.563)} \qquad [6\text{-}⑥]$$

このうち,0.063(総合効果の2乗)+ 0.374(その他の要因)= 0.437 が,決定係数です。

このように複雑な計算をしたのは,決定係数を分解して解釈するためです[*54]。このパス図では,決定係数は「損害回避」を原因とする部分(0.063)と,「友人誤差」と「親誤差」を原因とする部分(0.374)に分解できます。「損害回避」を原因とする部分には,「友人 N.L.E.」のうちの「友人誤差」以外(「損害回避 → 友人 N.L.E. → 抑うつ」の間接効果)と,「親 N.L.E.」のうちの「親誤差」以外(「損害回避 → 親 N.L.E. → 抑うつ」の間接効果)を含んでいます。

決定係数を分解すると,最も興味のある変数である「抑うつ」に個人差が生じている理由を分類して,解釈することができるようになります。ここでは,根本原因として挙げた「損害回避」ではほぼ説明できず(0.063),「友人誤差」と「親誤差」である程度(0.374)説明できるようです。「友人誤差」は"誤差"というと語弊がありますが,測定誤差を除けば「友人 N.L.E.」の個人差です。同様に「親誤差」は,測定誤差を除けば「親 N.L.E.」の個人差を表しています。このパス図では,「友人誤差」と「親誤差」の部分(0.374)をさらに分解することは困難です。なぜなら,「友人誤差」と「親誤差」の間には相関を仮定しているので,それぞれの部分に分解することはできないからです。

6.4.3　パス係数の解釈

最後に,「抑うつ」に対するパス係数の解釈について説明しましょう。5.5 節で行ったように,

[*53] 合計して1になるように若干数字を整理しました。
[*54] ここでは標準化推定値を用いましたが,非標準化推定値を用いて計算をすることもできます。

[6-③] 式で，たとえば「友」と「親」を変えずに，「損」のみを1大きくします。それを [6-③] 式と一緒に並べると，以下のようになります。

$$\text{抑うつ} = 0.533 \times \text{友} + 0.176 \times \text{親} + 0.154 \times \text{損} + \text{抑誤差} \quad [6\text{-③}]$$
$$\text{抑うつ}^* = 0.533 \times \text{友} + 0.176 \times \text{親} + 0.154 \times (\text{損}+1) + \text{抑誤差}^* \quad [6\text{-⑦}]$$

次に，[6-⑦] 式から [6-③] 式を引いて期待値を計算すると，[6-⑧] 式になります。

$$\text{「抑うつ}^* - \text{抑うつ」の平均的な値} = 0.154 \quad [6\text{-⑧}]$$

したがって，「損害回避→抑うつ」のパス係数は，「友人 N.L.E.」と「親 N.L.E.」が同程度の人どうしで比較すると，「損害回避」が1高い人は「抑うつ」が0.154高い，と解釈します。

5.2 節や 5.5 節で説明したように，ある独立変数から従属変数へのパス係数を解釈する際は，以下のような条件付きの言い方になることに注意してください。ただし，従属変数に影響を与える他の独立変数がない場合には，単回帰分析の回帰係数と同じように解釈します。

- 「従属変数に影響を与える他の独立変数を固定したときに〜」
- 「従属変数に影響を与える他の独立変数の影響を除いたときに〜」
- 「従属変数に影響を与える他の独立変数の値が同程度の人どうしで比べると〜」

6.5 調整変数としてのパーソナリティ —— 多母集団分析

田中 (2006) で検討していることは，独立変数としての「損害回避」やネガティブ・ライフイベンツ（友人 N.L.E.）が，「抑うつ」に及ぼす影響だけではありません。ネガティブ・ライフイベンツの影響を，「損害回避」が調整する状況に関しても調べています。つまり，ネガティブ・ライフイベンツが発生し，それに対してイヤだと感じたとしても，そのことがすぐさま「抑うつ」と関係するのではなく，「損害回避」の高低によって「抑うつ」に与える影響が異なるのではないか，という仮説が検証されています。

このように，独立変数（ネガティブ・ライフイベンツ）の従属変数（抑うつ）に対する影響を高めたり低めたりする変数を，調整変数（損害回避）と呼びます。

6.5.1 調整変数とは

図 6-4 に，調整変数のイメージを示しました。「友人 N.L.E.」から「抑うつ」へ水が流れて

おり，水量（図では矢印の太さ）が，影響の強さであると考えてみましょう。このとき，「友人N.L.E.」と「抑うつ」の間に蛇口が仕掛けられているとします。蛇口を緩めると水量が多くなり，締めると水量が少なくなります。水量を調整する蛇口に相当するものが調整変数であり，田中（2006）ではそれが「損害回避」なのです。田中（2006）では，「損害回避」とネガティブ・ライフイベンツの交互作用項を含めた重回帰モデルによって，このことを調べていますが，ここでは別のアプローチを使ってみましょう。

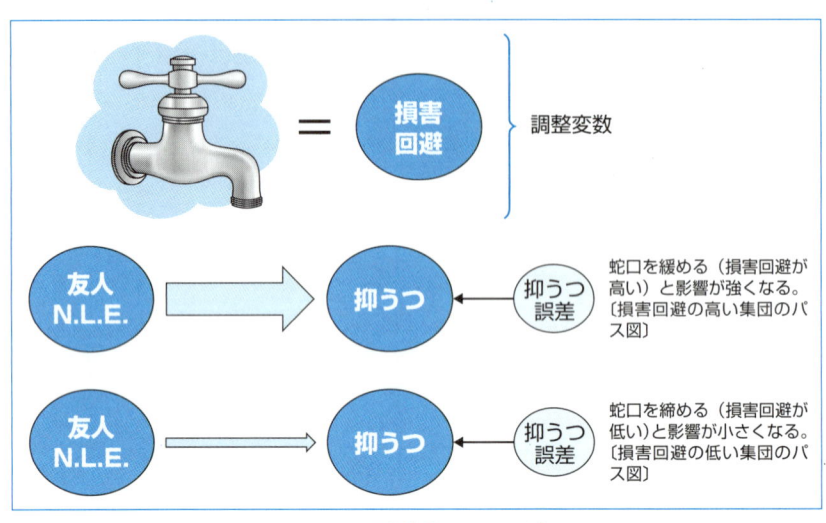

図 6-4　調整変数のイメージ

　図 6-4 には，蛇口を緩めた場合と締めた場合が描かれています。これは，「損害回避」の高低に相当します。そこで，対象集団を「損害回避」の大きさによって，高低の 2 グループに分類してみましょう。田中（2006）の結果に従えば，高グループのほうが低グループよりも，「友人 N.L.E.」から「抑うつ」への影響が大きくなります。「損害回避」の高さは，心配性ですぐに不安になり，神経質で落ち着かないという特徴を示します。したがって，同じようなレベルの「友人 N.L.E.」を経験したとしても，「損害回避」が高い人はそれを過度にネガティブにとらえてしまい，結果的に高いレベルの「抑うつ」と関連をもつようになるという仮説が成り立ちます。

6.5.2　多母集団分析と等値制約

　「損害回避」が，調整変数として上記の機能をもっているかどうかを調べるためには，どうすればよいでしょう。「損害回避」の高低によって対象集団を 2 グループに分類して，それぞれのグループ内で単回帰モデルを分析すればよいでしょうか。それも一案ですが，それでは 2 グループ間で「友人 N.L.E.」から「抑うつ」への影響が異なるかどうかを，調べていることにはなりません。2 グループ間で異なる推定値が得られたとしても，それが統計的な意味で異なるかどうかはわからないからです。

そこで登場するのが多母集団分析です。多母集団分析とは，対象者集団の背後に母数が異なるような複数の母集団を想定し，各母集団に対してモデルを立て，それらのモデルを同時に推定する方法です。ここでは，「損害回避」の高い母集団と低い母集団とでは，「友人 N.L.E.」から「抑うつ」へのパス係数が異なることを考えています。

そして，複数（ここでは 2 つ）のモデルを同時に推定する，というところがポイントです。同時に分析する際に，「友人 N.L.E.」から「抑うつ」へのパス係数に，等値制約を課すことができます。逆に，等値制約を課さずに分析することも，もちろん可能です。そして，等値制約を課したモデルの適合度よりも，課さないモデルの適合度のほうが良い場合には，パス係数は 2 つの母集団で異なることになります。

図 6-5 に，多母集団分析のパス図を 2 つ（等値ありモデルと，等値なしモデル）示しました。「友人 N.L.E.」と「抑うつ」は因子とし，「損害回避」の高・低は，「損害回避」にかかわる観測変数の合計の平均によって分類しました。「等値ありモデル」は，パス係数に等値制約を課しているモデル，「等値なしモデル」は課していないモデルです。予想どおり，「等値なし」の場合には，「損害回避」が高いグループのパス係数のほうが推定値が大きくなっています。

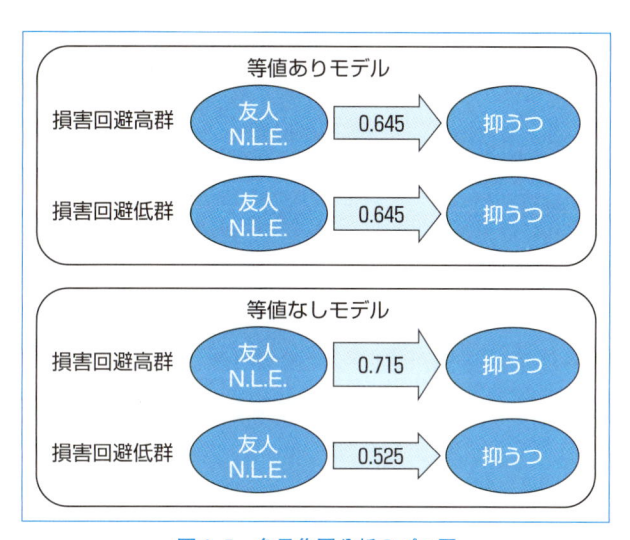

図 6-5　多母集団分析のパス図

6.5.3　適合度

これが母集団においても，そうであるか否かを調べるために，いくつかの適合度指標を示しました（表 6-4）。

表 6-4　多母集団分析のモデル比較[*55]

モデル	χ^2 値	自由度	SRMR	RMSEA	AIC	BIC
等値あり	129	85	0.053	0.045	12824	13015
等値なし	127	84	0.050	0.045	12824	13019

[*55] BIC を求める際には，標本サイズが必要となります。このデータは標本サイズが 518 ですが，欠測のある対象者を省いたデータを扱っているので，計算では 512 として扱っています。分析に用いる変数に 1 箇所でも欠測のある対象者をデータから省くことを，リストワイズ削除と呼びます。欠測の割合が 1% 程度ですので，ここではリストワイズ削除を行いました。欠測データへの対処に関しては，室橋（2003）や荘島（2003）を参照してください。

表 6-4 より，両モデルの適合度はほぼ等しくなっています。したがって，「損害回避」が調整変数として機能しているか否かについては，判断が難しそうです。

このように，無理な判断を避けることが賢明な場合もあります。田中（2006）では，「損害回避」が調整変数として機能することが示されており，本書の結果とは異なるように思うかもしれません。しかしこれは，以下のような違いに起因していると考えられます。

- 田中（2006）では友人だけではなく，親・教師・異性・学業におけるネガティブ・ライフイベンツを扱い，それらの合計を独立変数としていること。
- 「抑うつ」を測定する観測変数が，田中（2006）とは異なること。
- 田中（2006）では，交互作用を含めた重回帰モデルを使っていること。
- 上記と関連しますが，本節のように「損害回避」の対象者を 2 グループに分類すると，本来はグループ内で「損害回避」の高さに個人差があるにもかかわらず，それを無視しているという問題点があること。

なお，すでに述べたとおり，RMSEA, AIC, BIC は，母集団や将来の予測を念頭に置いた適合度指標です。したがって，これらの適合度指標を用いた判断は，「母数が母集団間で等しいか否か」を調べることになります。一方，SRMR は，目の前のデータに対するモデルの当てはまりの程度を表しています。したがって，SRMR を用いた判断は，「推定値が各標本グループ間で等しいか否か」を調べることになります。

本節では，多母集団分析によって調整変数を扱う方法を説明しました。しかし，上記のように対象集団を 2 グループに分類すると，本来はグループ内で「損害回避」の高さに個人差があるにもかかわらず，それを無視してしまうという問題点があります。より洗練された方法については，鈴川（2009）を参照してください。また，多母集団分析は，男女・職業・学年などのように，質的に分類される変数（名義変数や順序変数）を多母集団として扱うのが一般的であることも述べておきます。

質問コーナー

適合度が良いモデルと決定係数が高いモデルは、ともに「良いモデル」といわれます。両者が指している「良いモデル」の意味には、どのような違いがあるのですか？

　適合度の観点から見たときの良いモデルとは、データから求まる共分散行列 S に近い共分散構造 Σ をもつモデルのことです。たとえば、独立変数と従属変数の間の共分散がそれほど大きくない場合には、独立変数によって別の従属変数を説明することが難しくなります。しかし、そうであっても、それらの独立変数と従属変数を含む観測変数間の共分散行列 S を適切に表現するモデル Σ があれば、そのモデルは適合度の観点から見たときに良いモデルといえます。適合度は何らかの変数に着目したときの指標ではなく、モデル全体に関する指標です。

　決定係数の観点から見たときの良いモデルとは、従属変数の誤差分散が小さなモデルです。上記のように、観測変数間の共分散がそれほど大きくない場合には、観測変数のうちの 1 つである従属変数を独立変数群で説明したときに誤差分散が大きくなってしまいます。すると、決定係数は小さくなってしまいます。逆に、従属変数と各独立変数の間の共分散が大きければ、決定係数は高くなります。つまり、決定係数の観点から見たときに良いモデルとは、従属変数を説明するための独立変数が十分に用意されているモデル、と言い換えることができます。決定係数は、ある従属変数に着目したときの指標です。

　この違いがあるため、適合度は高いけれども決定係数は低いモデルもあれば、適合度は低いけれども決定係数は高いモデルもあり得ます。前者の例は、変数間の関係はモデルでうまく表現できるけれども、変数間の関係そのものはあまりない（相関や共分散が小さい）状況です。後者の例は、図のように、従属変数を説明するための独立変数は十分に用意されており（図では 10 個）、従属変数をよく説明するけれども、独立変数間の関係がうまく表現できていないモデルです。

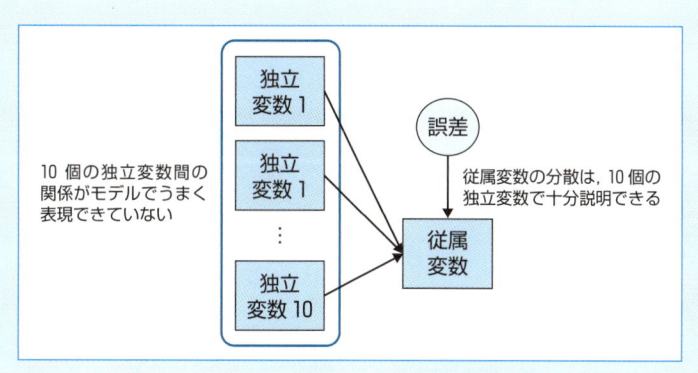

図　決定係数が高く、適合度が悪い場合

　このように、「良いモデル」のもつ意味の違いを考えたうえで、解釈をするのがよいでしょう。また、適合度が良いモデルでないと最終結果として報告することはできませんから、モデル選択は決定係数ではなく、適合度によって行います。

【文献】

Kline, R. B. (2011). *Principles and practice of structural equation modeling.* 3rd ed. The Guilford Press.

田中麻未 (2006) パーソナリティ特性およびネガティブ・ライフイベンツが思春期の抑うつに及ぼす影響. パーソナリティ研究, **14** (2), 149-160.

鈴川由美 (2009). 調整変数と媒介変数を扱うモデルの分析. 豊田秀樹編著　共分散構造分析：構造方程式モデリング [実践編]. 朝倉書店, pp.223-233.

室橋弘人 (2003). 欠測値を含むデータへの対処. 豊田秀樹編著　共分散構造分析：構造方程式モデリング [疑問編]. 朝倉書店, pp.68-69.

荘島宏二郎 (2003). 欠測 (Missing) の種類・多重代入法・完全情報 ML とは. 豊田秀樹編著　共分散構造分析：構造方程式モデリング [疑問編]. 朝倉書店, pp.107-111.

Quiz

理解できたか チェック してみよう！

問1：表は，クライン（2011）に記載されている5つの観測変数間の相関行列と分散をもとに計算した，共分散行列（対角要素を含む下三角行列）および相関行列（上三角行列）です。因子「社会経済的地位（socioeconomic status：SES）」が，SES1とSES2，因子「ストレス」が，ストレス1とストレス2によって測定されていると考えます。そして，このモデルの従属変数を観測変数「抑うつ」とします。

表　5つの観測変数間の共分散行列（下三角）・相関行列（上三角）

	SES1	SES2	ストレス1	ストレス2	抑うつ
SES1	10.693	0.290	0.080	0.010	−0.070
SES2	3.262	11.834	−0.030	−0.020	−0.110
ストレス1	0.775	−0.306	8.768	0.380	0.370
ストレス2	0.118	−0.248	4.056	12.992	0.460
抑うつ	−0.731	−1.209	3.499	5.295	10.200

問1-1：因子「SES」と因子「ストレス」をモデルに組み込むためには，モデルの識別をどのように行う必要があるでしょうか。ただし，「SES」と「ストレス」から「抑うつ」に向けて，それぞれパスを引くことにします。

問1-2：【要ソフトウェア】「SES→ストレス」「SES→抑うつ」「ストレス→抑うつ」の3つのパスを引いた，因子間のパス解析モデルを分析してください。母数の推定値（非標準化・標準化）と「抑うつ」の決定係数を報告してください。3つのパス係数の推定値の有意性検定の結果も報告してください。ただし，標本サイズは983です。

問2：因子「友人N.L.E.」にかかわる因子負荷量が，同じ観測変数に関して男女で異なるか否かを調べるためにはどうすればよいでしょうか。

第7章 遺伝と環境
——行動遺伝学・多母集団分析

　これまで、ビッグファイブの5因子、知能、損害回避、抑うつなど、さまざまなパーソナリティ特性が本書では登場しました。そして、心理学ではこれらのパーソナリティ特性を構成概念として扱い、因子分析によって測定を行います。第1～3章では、構成概念の測定方法として、確認的因子分析について説明しました。第4章では、測定道具の性能を表す指標として、信頼性と妥当性を扱いました。第5章と第6章では、観測変数の合計や因子得点を構成概念の測定値として、それらを独立変数として扱い、従属変数を説明するために用いました。

　最終章にあたる第7章では、構成概念を従属変数として扱います。従属変数として扱うということは、構成概念の個人差が生じる理由を探ることと同じです。そして、その理由が遺伝と環境であるとする学問を、**行動遺伝学**といいます[*56]。

7.1 遺伝と環境の影響とは何か

　行動遺伝学は、変数（観測変数・潜在変数）の個人差に対する、遺伝と環境の影響を推定するための学問です[*57]。表7-1には、「知能」「外向性」「神経質性」に対する、「遺伝」と「環境」の影響が示されています（安藤、2000）。たとえば、「知能」については「遺伝」の影響が52%、「環境」の影響が48%となっています（共有環境・非共有環境については後述します）。また、「外向性」「神経質傾向」というビッグファイブの構成要因についても、それぞれの影響が50%くらいずつになっています。

　「知能」に対する「遺伝」の影響が52%というのは、何を意味するのでし

表7-1 パーソナリティに対する遺伝と環境の影響

	遺伝	環境	共有環境	非共有環境
知能	52%	48%	34%	14%
外向性	49%	51%	2%	49%
神経質傾向	41%	59%	7%	52%

（安藤、2000、p.89の表2-2より再計算した数値）

[*56] 第5章と第6章では、「友人N.L.E.」や「損害回避」を独立変数、構成概念「抑うつ」を従属変数として扱いました。独立変数として遺伝と環境以外を想定したことは、行動遺伝学の考え方に矛盾するように思えます。しかし、もとをたどれば「友人N.L.E.」や「損害回避」も遺伝と環境によって説明できるので、「抑うつ」は遺伝と環境によって説明される、と考えることができます。

[*57] 行動遺伝学にはこれ以外にも、①（遺伝環境交互作用モデルなどによって）遺伝と環境のかかわり合いがわかる、②（多変量モデルによって）変数間の共変動についても、遺伝と環境に分解することができる、などの利点があります。

ょうか。これは，各人の知能が異なる理由（知能の個人差が生じる理由）として，遺伝子由来の部分が 52% あるということです。次のように考えると，わかりやすいかもしれません。遺伝子 A をもっている人は，ある特性 X の値が全員 100 であり，別の遺伝子 a をもっている人は，特性 X の値が全員 0 であるとします。このとき，特性 X には個人差があります。値が 100 の人と 0 の人がいるからです。この状況では，遺伝子 A と a のどちらをもっているかで，その個人差を 100% 説明できるので，特性 X に対する遺伝の影響は 100% になります。

別の見方をすると，この例では，特性 X の値と遺伝子（A と a のどちらを有しているか）が完全に連動しています。特性 X と遺伝子の相関が 1 である，ということもできます。このとき，遺伝の影響は 100% になります。逆に，特性 X の値が高い人と低い人の間で，遺伝子のタイプに系統的な違いが全くないのであれば，遺伝の影響は 0% になります。どのような遺伝子も，特性 X には影響していないということです。通常は，100% や 0% になることはなく，遺伝の影響はこの間の値を取ります。遺伝の影響があると言うと，遺伝によって特性が 100% 規定されるかのような印象を与えますが，そうではありません。ほとんどの特性は，遺伝と環境の両者から影響を受けています。遺伝の影響と同じように環境の影響も，個人差をどれくらい説明できるか，という程度を表しています。

ここまで説明してきたように，行動遺伝学における遺伝と環境というのは，個人差の説明要因としての遺伝と環境のことです。逆にいえば，行動遺伝学における遺伝と環境は，1 人の個人にとっての遺伝と環境ではありません。つまり，行動遺伝学でわかることは，集団内での個人差の違いの原因であって，その中の A さんが今こうある原因ではないのです。その点に注意する必要があります。そして，このことは，行動遺伝学の結果の解釈に影響を与えることになります[*58]。

7.2 個人差の分解

「個人差を，遺伝由来の部分と環境由来の部分に分解する」という文章を，数学的に表したものが［7-①］式です[*59]。

$$\boxed{個人差} = \underbrace{遺伝を原因とする部分} + \underbrace{環境を原因とする部分} \qquad [7\text{-}①]$$

そして，統計学では，個人差を分散として数値で表しますので，［7-②］式のように書き換えることができます。

[*58] 7.5 節で詳しく述べるように，後述する共有環境の影響が一般に小さいというのは，個人差に対して共有環境の影響が小さいのであって，共有環境は各個人には影響を与えている可能性があるのです。

[*59] 遺伝を原因とする部分と環境を原因とする部分も観測できませんので，楕円で囲みました。行動遺伝学では，これらは因子になります。

> 分散（個人差）＝ 遺伝分散 ＋ 環境分散　　　　［7-②］

　遺伝分散と環境分散は，遺伝を原因とする分散と，環境を原因とする分散を，それぞれ指しています。この中で，左辺はデータがあれば計算によって値を知ることができます。しかし，これを遺伝分散＋環境分散に分解する方法は無数にあります。つまり，［7-②］式の左辺をデータ，右辺を母数（遺伝分散と環境分散）で構成したモデルと考えたとき，このままでは，この方程式を識別することができないのです。

　第4章でも似た状況（［4-②］式）がありました。それを，次の［7-③］式に示しました。

> 測定値の分散 ＝ 真値の分散 ＋ 測定誤差の分散　　　　［7-③］

　これは，信頼性を求めるための基本となる式ですが，このままでは識別できません。それは，［7-②］式と同じように，左辺はデータがあれば計算によって値を知ることができますが，それを右辺の「真値の分散＋測定誤差の分散」に分解する方法は，無数にあるからです。

　そこで，第4章で説明したように，信頼性を求める場合には，同じ真値を測定する別の観測変数を用意することで，真値の分散と測定誤差の分散を推定します。これによって，信頼性を求めることができるようになったのです。行動遺伝学では，遺伝分散と環境分散を推定するための別の工夫が施されています。それが**双生児データ**の使用です。

7.3　双生児データの使用

　行動遺伝学は，主として双生児データを用いて，個人差に対する遺伝と環境の影響を推定する学問です。本節では，行動遺伝学における双生児データの扱い方について，説明を行います。そして，次節で，遺伝分散と環境分散を推定する方法について解説します。

7.3.1　観測対象の単位

　双生児データを分析する際の観測対象の単位は，個人ではなく，ペアになります。したがって，たとえば外向性の値を3ペアから得た場合，個人の数としては6ですが，データ上では観測対象の数は，図7-1のように3になります。図7-1のT1は双生児の1人め（Twin 1），T2は双生児の2人め（Twin 2）を表しています。よって，扱うデータは行数＝「ペア数」，列数＝2×「変数の数」となります。すると，T1とT2の平均・分散だけでなく，それらの間の共分散（あるいは相関）を計算することができるようになります[*60]。

[*60]　ただし，行動遺伝学は個人差の学問なので，平均にはあまり興味がありません。

7.3.2 双生児ペア間の共分散（相関係数）

以上により，図7-1のような双生児データから，T1とT2それぞれの分散，そしてT1とT2の間の共分散（相関），という3つの情報が得られることがわかります。ただし，T1の分散とT2の分散は，（母集団で）等しいと考えます。なぜなら，どちらの双生児をT1としT2とするかは，入れ替えることができるからです[*61]。

次に，これらの情報のもつ意味について考えてみましょう。まず，図7-1の2つの分散は，繰り返し述べていることですが，ともに（ここでは外向性の）個人差を表します。それでは，相関係数は何を表しているのでしょうか。相関係数は2変数間の関連を表す指標なので，この場合は外向性に関して，T1とT2が似ている程度を示しています。

双生児には一卵性と二卵性があります。双生児ペアは似ていますが，一卵性ペアのほうが二卵性ペアよりもよく似ている傾向があります。したがって，一卵性ペアの相関と二卵性ペアの相関では値が異なるので，双生児データを扱うときには，卵性の区別もつけておきます。これを示したものが図7-2です。以上より，双生児データから6つの情報（分散が4つ，一卵性の共分散，二卵性の共分散）を取り出すことができました。ただし，分散に関しては，4つの値はすべて（母集団で）等しいと考えることができます[*62]。したがって，実質的な情報は3つ（分散，一卵性の共分散，二卵性の共分散）になります。［7-②］式が登場したときには，手元には分散の情報しかない状況でしたが，双生児データを扱うことで，分散以外にも2つの共分散を情報として得ることができました。

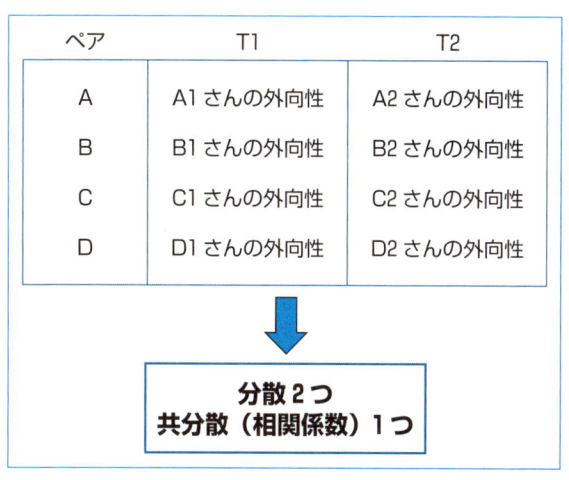

図7-1 双生児データの扱い方その1

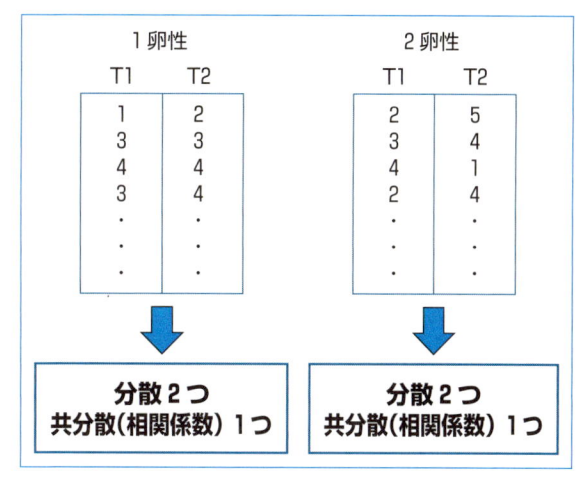

図7-2 双生児データの扱い方その2

[*61] この仮説は，等分散の検定を行うことで検証できます。また，出生順位が分散に与える影響を考慮したモデルを立てることも可能です。

次のポイントは，一卵性の共分散と二卵性の共分散あるいは，一卵性の相関と二卵性の相関の値の違いです。共分散と相関のどちらでも説明することができますが，ここでは相関について説明をしていきましょう。

7.4 遺伝・共有環境・非共有環境

安藤（2012, p.74）には，ビッグファイブ各因子の双生児間の相関が，卵性別に掲載されています。たとえば，神経質傾向については一卵性が0.46，二卵性が0.29となっています。これは，このような心理学的変数に関しても，一卵性ペアのほうが二卵性ペアよりもよく似ていることを表しています。本節で説明することは，それではなぜ一卵性ペアのほうが二卵性ペアよりもよく似ているのか，そして，一卵性と二卵性の相関はそれぞれ何が原因となって生じているのか，という2点です。

7.4.1 遺伝と共有環境

一卵性ペアが二卵性ペアよりも似ている理由は，遺伝子の共有度合いの違いにあります。一卵性ペアは同じ受精卵から生まれた2人なので，遺伝子を100％共有しています。一方，二卵性ペアは異なる受精卵から生まれた2人であり，遺伝子を平均的に50％共有しています。平均的に50％なので，ある特性に関連する遺伝子を多く共有しているペアもいれば，あまり共有していないペアもいます。同じ両親から生まれたきょうだい間の共有度合いも，平均的に50％になります[*63]。

それでは，一卵性ペアの相関の高さは，遺伝子の共有率の高さだけが原因でしょうか。もちろん，肌の色，瞳の色のように，極めて遺伝規定性が高い変数もあります。しかし，パーソナリティや行動特性における一卵性ペアの相関の高さには，遺伝に加えて共有環境も影響しています。共有環境というのは，双生児のパーソナリティや行動の特徴を類似させる環境のことです。たとえば，同じ家庭に育ったことや，同じ学校に通ったりして，同じ環境にさらされたことが挙げられます[*64]。ただし，同じ環境にさらされたとしても，そのことが当該変数に対して影響をもたないのであれば，それは共有環境とは呼びません。「遺伝の影響」というときの遺

[*62] 一卵性T1と一卵性T2の分散が等しいことと，二卵性T1と二卵性T2の分散が等しいと見なせることは，先ほど説明しました。そして，一卵性の分散と二卵性の分散も等しいと見なせます。なぜなら，一卵性双生児は社会（母集団）の中で外向性の分散が小さい，あるいは二卵性双生児は母集団において学力の分散が大きい，などということはなく，卵性の違いに関係なく外向性が高い人も低い人も，学力が高い人も低い人も，同程度にばらついていると考えられるからです。この仮説も，等分散の検定を行うことで検証できます。

[*63] 50％という数字はどこから登場するのでしょうか。人は両親から遺伝子を受け継ぐ際，親のもつ対立遺伝子のうちの一方をもらいます。対立遺伝子のうちのどちらを受け継ぐのかはランダムです。つまり，対立遺伝子をAとaとするとき，Aまたはaが50％の確率で子どもに受け継がれるということです。ここで，二卵性双生児のT1が，父親からAを受け継いだとしましょう。このとき，二卵性双生児のT2が父親からAを受け継ぐ確率は50％です。そして，これはAaのみならず，他のすべての対立遺伝子についても同じことがいえます。したがって，二卵性双生児ペアは，遺伝子を平均的に50％共有しているのです。

伝子が変数によって異なることと同じように，共有環境も変数によって異なるのです。

以上から，行動遺伝学では，一卵性ペアの相関と二卵性ペアの相関を，以下の式によって表します。

> 一卵性ペアの相関 ＝ 遺伝分散＋共有環境分散　　　　　　[7-④]
> 二卵性ペアの相関 ＝ 0.5×遺伝分散＋共有環境分散　　　　[7-⑤]

両式の左辺が相関なのに，右辺が分散になっているのはおかしく思うかもしれません。しかし，たとえば一卵性ペアの相関が高いということは，あるペア A は T1 と T2 がともに高く，別のペア B は T1 と T2 の値がともに低いということです。これは，ペア A の T1 とペア B の T1 の間（そして，ペア A の T2 とペア B の T2 の間）に，値の違いがある状況です。したがって，相関があることで違い（分散）が生まれ，その原因を右辺で表していると考えれば，理解できるのではないでしょうか。そして，その原因を遺伝と共有環境に分解しているのです。[7-⑤] 式では遺伝分散に 0.5 が掛かっています。この 0.5 は，二卵性の遺伝子の共有度合いが平均的に 50％ であることから，数学的に証明することができます（Neale & Cardon, 1992, Chapter 3）。

7.4.2　非共有環境

次に，一卵性ペアの相関は 1 にはなりませんが，それはなぜでしょうか。その理由は，遺伝子を 100％ 共有しており，共有環境も有していたとしても，一卵性ペアは常に全く同じ環境にさらされるわけではないからです。これを非共有環境と呼びます。非共有環境は，双生児ペアの相関を低めるものであり，異なる環境にさらされることに加え，測定誤差も含みます。

以上から，「非共有環境分散＝1－一卵性ペアの相関」となり，[7-④] 式を併せて考えることによって，[7-⑥] 式のように表現することが一般的です。

> 1 ＝ 遺伝分散＋共有環境分散＋非共有環境分散　　　　　　[7-⑥]

ここで，[7-④] 式，[7-⑤] 式，[7-⑥] 式を連立方程式としてみると，3 本の方程式中に未知の母数が 3 つ（遺伝分散，共有環境分散，非共有環境分散）あるので，自由度が 0 の飽和モデルになり，ぎりぎりで識別することができるようになりました。このように，行動遺伝学で

---

*64　同じ環境にさらされたとしても，当人の遺伝的素質によって，どのような反応をするかは異なります。一卵性ペアが同じように反応し，二卵性ペアが異なる反応をした場合には，その環境は行動遺伝学のモデル上では遺伝としてとらえられます。一卵性ペアの類似度と二卵性ペアの類似度に違いを生んでいるからです。したがって，共有環境とは，一卵性ペアと二卵性ペアの双方に対して同じように影響する環境になります。後述するように，一般的に共有環境の影響は小さく推定されます。この理由として，共有環境が上記の性質をもっていることが挙げられるかもしれません。

は双生児データを利用することで，[7-②] 式を解くための工夫を行っているのです。ただし，[7-④][7-⑤][7-⑥] 式の右辺は正確には分散ではなく，遺伝による説明率，共有環境による説明率，非共有環境による説明率です。

　ここまでは，相関を使って説明をしてきましたが，共分散を使って3つの式を表すと，以下のようになります。次の [7-⑦][7-⑧][7-⑨] 式の右辺は，遺伝分散，共分環境分散，非共分環境分散です。

> 一卵性ペアの共分散 ＝ 遺伝分散 ＋ 共有環境分散　　　　　　　　　　[7-⑦]
> 二卵性ペアの共分散 ＝ 0.5 × 遺伝分散 ＋ 共有環境分散　　　　　　　[7-⑧]
> 変数の分散 ＝ 遺伝分散 ＋ 共有環境分散 ＋ 非共有環境分散　　　　　[7-⑨]

　共分散の場合も，ぎりぎりで識別することができます。これまでの章で説明したように，これら2つの連立方程式は統計モデルです。これらの式の左辺は，データから計算することができます。そして，計算された値が生じる理由を，右辺が説明しているのです。

　たとえば [7-⑨] 式は，「なぜ変数には分散があるのだろうか（左辺）」，それは「遺伝分散と共有環境分散と非共有環境分散があるからだ（右辺）」ということができます。この統計モデルのことを行動遺伝学では**単変量モデル**と呼びます。単変量モデルが行っていることを表したものが，図7-3です。分散を3つの要素に分解することが，単変量モデルの目的であり，そのために双生児データを使用しているのです。なお，図7-3のように，相加的遺伝をA，共有環境をC，非共有環境をEで表すことが一般的です。

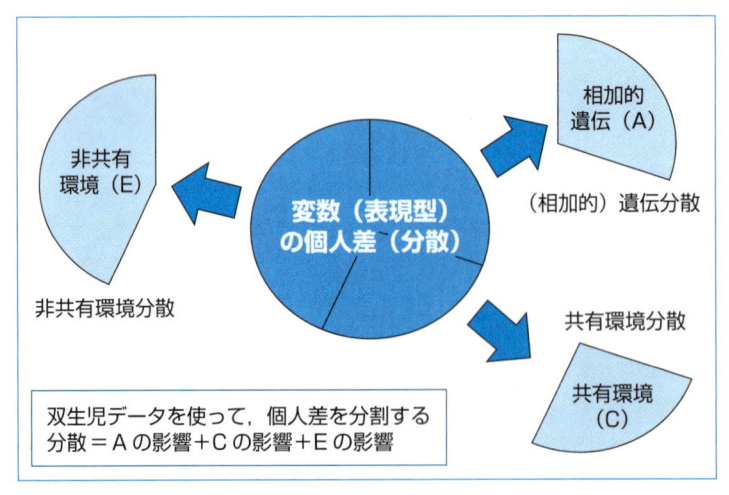

図7-3　単変量モデルの目的

7.4.3　遺伝環境相関

　行動遺伝モデルは極めてシンプルですが，現実には相関や分散は，もう少し複雑な構造（モデ

ル）に従っていると考えられます。たとえば，遺伝と共有環境の間には相関がありませんが，相関を仮定すべき場面もあります。音楽的才能が遺伝と環境によって，どの程度説明できるか知りたいとします。このとき，遺伝と共有環境はおそらく無相関ではありません。なぜなら，遺伝的に音楽的才能に優れた家庭では，日常的に音楽を聴く機会が多いことが予想され，逆に遺伝的に音楽的才能に優れていない家庭では，音楽に対して見向きもしない可能性があるからです。

このような遺伝と環境の間の相関を遺伝環境相関と呼び，3種類（受動的相関，誘導的相関，能動的相関）があります（安藤，2000）。ところが，方程式は3本しかありませんので，遺伝環境相関を母数として推定しようとすると，識別することができなくなってしまいます。しかし，双生児のみならず，そのきょうだいや親などからもデータを得て，連立方程式の本数を増やすことで，遺伝環境相関を推定することができます。

7.4.4　相加的遺伝と非相加的遺伝

また，環境を共有環境と非共有環境に分解したように，行動遺伝学では遺伝を，相加的遺伝と非相加的遺伝に分解します。これまで遺伝と呼んでいたのは，じつは相加的遺伝です。相加的遺伝は，変数に影響を与える遺伝子をどれだけ多くもっているのかを表しています。一方，非相加的遺伝は，ある遺伝子と別の遺伝子をもっていることではじめて変数に対して影響をもつ遺伝子群を，どれだけ多くもっているのかを表しています[*65]。しかし，遺伝を2つに分解すると，やはり識別することができなくなってしまいます[*66]。これに関しても，双生児のきょうだいや親などからもデータを得ることで，推定が可能となります。また，尾崎ら（Ozaki et al., 2011）は，高次積率を用いたSEMによって，双生児データのみから推定を行う方法を提案しました。

7.5　パーソナリティに対する相加的遺伝・共有環境・非共有環境の影響

表7-2は，遺伝，共有環境，非共有環境の3つの分散を，「知能」「外向性」「神経質傾向」に

表7-2　パーソナリティに対する遺伝と環境の影響（表7-1を再掲）

	遺伝	環境	共有環境	非共有環境
知能	52%	48%	34%	14%
外向性	49%	51%	2%	49%
神経質傾向	41%	59%	7%	52%

[*65] **メンデルの法則**（優性の法則，分離の法則，独立の法則）の優性の法則がその例です。エンドウマメは遺伝子型がAAならば形状は丸，aaならばしわ，そしてAaのときには中間の形状にはならず，丸になります。つまり，エンドウマメの形状は，Aの多さで決まるのではなく，組み合わせで決まるのです。

[*66] 現実のデータ分析場面では，一卵性の相関が二卵性の相関の2倍よりも小さな場合に，相加的遺伝・共有環境・非共有環境の効果を推定するモデルで分析をします。逆に，2倍よりも大きな場合には，相加的遺伝・非相加的遺伝・非共有環境の効果を推定するモデルで分析を行います。

ついて求めたものです。「知能」に関しては共有環境の影響が34％ありますが、「外向性」と「神経質傾向」については、共有環境の影響は極めて小さいことがわかります。そして、3つの変数ともに、遺伝（相加的遺伝）の影響が40〜50％程度あります。

この3例に限らず、相加的遺伝の影響と非共有環境の影響が大きく、共有環境の影響が小さいことが、行動遺伝学では多くの変数に関して示されています。共有環境の影響が一般に小さいことは意外かもしれません。しかしこのことは、共有環境が私たち個人に影響を与えていないことを意味するものでは、必ずしもありません。7.1節の脚注で、「共有環境の影響が小さいというのは、個人差に対して共有環境の影響が小さいのであって、共有環境は各個人には影響を与えている可能性があるのです」と述べました。これは、共有環境が各個人に対して同じような影響を与えている場合には、共有環境の分散は大きくならないからです。

たとえば、共有環境として、親の子育ての方法を考えてみましょう。子育てにはさまざまな方法がありますが、細かな違いはあるにしても、概ね同じような方法で各家庭では子育てが行われているといえるかもしれません。これは、共有環境自体に分散がないことを意味します。あるいは、共有環境には多少の違いが家庭間であったとしても、子どもの受け止め方にはあまり違いがないかもしれません。このような理由によって、共有環境分散が小さいという結果が生じている可能性があるのです。しかしこのことは、共有環境の影響が各個人に対してないことを意味してはいません。各個人に対する影響が同程度である結果として、個人差が生じていないだけかもしれないのです。

7.6 SEMによる単変量モデルの分析

相加的遺伝、共有環境、非共有環境の影響は、一卵性と二卵性それぞれの相関係数がわかれば、連立方程式を解くことによってわかります。しかしそれだけでは、推定された相加的遺伝分散が有意に大きいといえるのか（母集団において0よりも大きいといえるのか）、共有環境をモデルから省いたほうが適合度は良くなるのではないか、といった疑問に答えることができません。また、ニールとカールドン（1992）が説明しているように、より高度なモデルの中には、SEMを用いないと分析が不可能なものもあります[*67]。そこで本節では、単変量モデルをSEMによって分析する方法について説明しましょう。

基本的な考え方はすでに述べたとおりです。つまり、［7-④］［7-⑤］［7-⑥］式、あるいは［7-⑦］［7-⑧］［7-⑨］式を解くことと同等の作業を、SEMで実行することになります。単変量モデルのパス図を、図7-4に示しました。

このパス図には、いくつかの特徴があります。1つめは、パス図が2つあることです。これ

---

*67 ニールとカールドン（1992）で説明されている数々のモデル以外にも、たとえば、ミューテンら（2006）は、行動遺伝学のモデルと潜在クラスモデルを組み合わせたモデルを提案しました。このモデルで分析を行えば、遺伝や環境の影響が大きなグループと小さなグループを発見することが可能となります。これは、行動遺伝学のモデルをSEMの枠組みでとらえることで、はじめて可能になりました。

は，標本データを抽出する母集団が2つあることを表しています。つまり，図7-4の上のパス図は，一卵性双生児ペアの母集団から抽出された標本データに対して当てはめたモデル，下のパス図は，二卵性双生児ペアの母集団から抽出された標本データに対して当てはめたモデルを，それぞれ示しています。すなわち，第6章で説明した多母集団分析を用いて，行動遺伝学では2つのパス図の分析を同時に行うのです。

2つめは，母集団間の違いが，相加的遺伝1と相加的遺伝2の間の双方向パスにあることです。これらは一卵性ペアと二卵性ペアそれぞれの遺伝的な共有度合いから求まる固定された母数であり，推定するもので

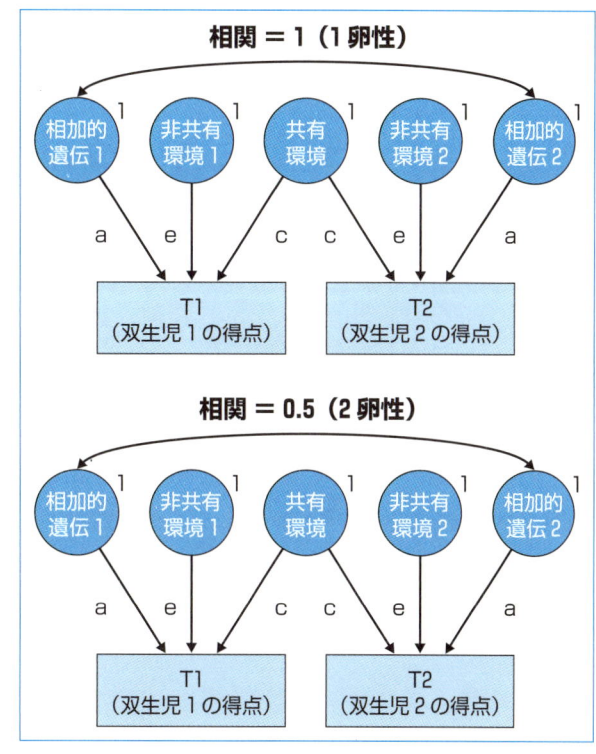

図7-4 単変量モデルのパス図

はありません。また，非共有環境1と非共有環境2の間には，相関がありません。独自の経験と測定誤差が成分だからです。最後に，共有環境は共有しているので1つだけです。

3つめは，観測変数T1とT2に誤差がないことです。これは，観測変数の分散は，因子「相加的遺伝」「共有環境」「非共有環境」ですべて説明され，誤差分散が0であることを表しています。ただし，誤差は非共有環境に含むので，「誤差がない」というのはパス図の見かけ上の問題です。

4つめは，「相加的遺伝」「共有環境」「非共有環境」を，因子で表していることです[*68]。因子得点は各人の相加的遺伝特性，共有環境特性，非共有環境特性になります。そして，モデル式は，以下のようになります。

$$\boxed{T1} = a \times \boxed{相加的遺伝1} + c \times \boxed{共有環境} + e \times \boxed{非共有環境1}$$
$$\boxed{T2} = a \times \boxed{相加的遺伝2} + c \times \boxed{共有環境} + e \times \boxed{非共有環境2}$$

[7-⑩]

これは，たとえば双生児ペア1の観測変数T1が，双生児1の「相加的遺伝的特性1」「共有

[*68] 因子の分散はすべて1として識別しています。したがって，双方向パスは相関になります。

環境特性」，双生児1の「非共有環境特性1」それぞれに，重み（a, c, e はそれぞれの影響の大きさを示すパス係数です）をつけたものの和として，表していることを示しています。「共有環境特性」は双生児ペアで共通なので，1と2の区別はありません。

以上から，図7-4のT1とT2の分散と共分散は，以下のように母数を使って表現できます[*69]。

$$T1 \text{の分散} = T2 \text{の分散} = a^2 + c^2 + e^2 \qquad [7\text{-}⑪]$$
$$T1 \text{とT2の共分散（一卵性）} = a^2 + c^2 \qquad [7\text{-}⑫]$$
$$T1 \text{とT2の共分散（二卵性）} = 0.5 \times a^2 + c^2 \qquad [7\text{-}⑬]$$

a^2 を遺伝分散，c^2 を共有環境分散，e^2 を非共有環境分散と見なせば，これらは［7-⑦］［7-⑧］［7-⑨］式と同じです。

また，T1とT2が標準化されているときには以下のようになり，［7-④］［7-⑤］［7-⑥］式と等しくなります。

$$1 = \alpha^2 + \gamma^2 + \varepsilon^2 \qquad [7\text{-}⑭]$$
$$T1 \text{とT2の相関（一卵性）} = \alpha^2 + \varepsilon^2 \qquad [7\text{-}⑮]$$
$$T1 \text{とT2の相関（二卵性）} = 0.5 \times \alpha^2 + \varepsilon^2 \qquad [7\text{-}⑯]$$

α^2, γ^2, ε^2 はそれぞれ，遺伝による説明率，共分散による説明率，非共有環境による説明率です。

図7-4は見方を変えれば，各母集団において，観測変数が2つ，因子が3つの，確認的因子分析モデルです。そもそも因子分析モデルは，複数の観測変数の背後に観測変数の数よりも少数のまとまりを見つけるための手法なので，これは奇異に感じると思います。また，制約を置かずに1つの因子を測定するためには，3つの観測変数がないと識別できませんから（2.1節参照），識別についても疑問が生じると思います。

このモデルが識別できるのは，母集団が2つあり，各母集団で母数が等しく，かつ母集団の違いを**固定母数**（相加的遺伝因子間の相関が1.0か0.5のどちらか）として含んでいるからです。こうして識別することができるので，観測変数よりも多くの因子からの影響を推定することができるのです。多母集団分析は，第6章で説明したように，一般的には母集団間で母数が異なるか否かを調べるためのものです。しかし，行動遺伝学ではモデルを識別するために使用しているのです。

[*69] 因子の分散がすべて1であることを利用しています。

7.7 SEMによる単変量モデルの分析の具体例

ここでは，ヒューイットら（1992, p.304）に記載されている，内在化問題に関する卵性別の共分散行列を用いて，単変量分析の具体例を示します。

7.7.1 内在化問題

内在化問題とは問題行動のひとつで，恐怖，不安，引きこもりなど，自己の内部の問題を指します。表7-3に共分散行列を示しました。データは8～11歳の男児の双生児ペアから得られています。対角要素は分散で，下三角要素が共分散（たとえば，一卵性については0.513），上三角要素が相関（たとえば，一卵性については0.739）です。一卵性は102ペア，二卵性は97ペアです。

表7-3 卵性別の共分散行列（上三角は相関）

	一卵性T1	一卵性T2
一卵性T1	0.675	0.739
一卵性T2	0.513	0.714
	二卵性T1	二卵性T2
二卵性T1	0.621	0.698
二卵性T2	0.434	0.623

一卵性と二卵性の相関は，それぞれ0.739, 0.698ですから，SEMを用いなくとも，[7-④][7-⑤][7-⑥]式にこれらの相関を当てはめることで，遺伝と環境の大きさを計算することができます。計算結果は，遺伝が8.2%，共有環境が65.7%，非共有環境が26.1%になります。遺伝の影響の推定値は10%に満たない小さな値ですが，これは母集団においても0といえる程度の小ささなのでしょうか。それを調べるために，SEMによる分析を行いましょう。

7.7.2 SEMによる分析の実際

表7-4はフルモデル（3つすべてを含めたモデル[*70]），遺伝・非共有環境モデル（共有環境を省いたモデル），共有環境・非共有環境モデル（遺伝を省いたモデル）の，3つのモデルの適合度を表しています。これを見ると，まず遺伝・非共有環境モデルの適合が悪いことがわかります。フルモデルにおける共有環境の推定値は69.6%（表7-5のフルモデルの結果）であり[*71]，モデルから省くことには無理がありそうです。フルモデルと共有環境・非共有環境モデルを比

表7-4 単変量モデルの比較結果

モデル	χ^2値	自由度	AIC	RMSEA	SRMR	CFI
フル	0.579	3	6.579	0.000	0.057	1.000
遺伝・非共有環境	24.694	4	28.694	0.228	0.151	0.856
共有環境・非共有環境	0.657	4	4.657	0.000	0.059	1.000

*70 一卵性の相関が二卵性の相関の2倍よりも小さいので，相加的遺伝，共有環境，非共有環境を推定するモデルが，フルモデルです。7.4節の注も参照してください。
*71 相関から求めた65.7%と違う値になった理由は，共分散行列中の4つの分散（0.675, 0.714, 0.621, 0.623）が若干違う値だからです。

表 7-5 単変量モデルの推定値・有意性

モデル	遺伝	共有環境	非共有環境
フル（$\alpha, \gamma, \varepsilon$）	0.176	0.834***	0.522***
フル（$\alpha^2, \gamma^2, \varepsilon^2$）	0.031	0.696***	0.273***
遺伝・非共有環境（α, ε）	0.862***		0.507***
遺伝・非共有環境（α^2, ε^2）	0.743***		0.257***
共有環境・非共有環境（γ, ε）		0.848***	0.530***
共有環境・非共有環境（γ^2, ε^2）		0.719***	0.281***

較すると，RMSEA，SRMR，CFI はほぼ同じ値です。そして，χ^2 値も近い値ですが，自由度が 1 違います。これは，フルモデルに比べて共有環境・非共有環境モデルでは，遺伝の影響をモデルに組み込んでいないからです。その結果，AIC は共有環境・非共有環境モデルのほうが小さくなっています。つまり，遺伝の影響を省いたことによる悪影響は，少なかったわけです。

表 7-5 に，3 つのモデルの推定結果と有意性を示しました。推定結果として示したのは，標準化した $\alpha, \gamma, \varepsilon$ のパスの値そのものと，それらの 2 乗（$\alpha^2, \gamma^2, \varepsilon^2$）です。行動遺伝学では，$\alpha^2, \gamma^2, \varepsilon^2$ をそれぞれ，相加的遺伝，共有環境，非共有環境の説明率（決定係数）として解釈することが一般的です[*72]（[7-④] 式も参照してください）。推定値にアスタリスク（*）が 3 つある場合は，0.1% で有意であることを表しています。アスタリスクがない場合は有意ではありません。フルモデルと共有環境・非共有環境モデルを比較すると，有意ではない遺伝の影響以外については，両モデルで差がほとんどありません。したがって，遺伝を省いても，χ^2 値がほぼ変わらなかったのです。このように，モデル比較と推定値の有意性検定は，同じことを別の角度から調べていることになります[*73]。

7.8 その他のモデル

行動遺伝学で分析可能なモデルは，単変量モデルだけではありません。変数 A（たとえば「神経質傾向」）に加えて，変数 B（たとえば「外向性」）を同時に分析すると，変数 A・B それぞれに対する遺伝と環境の影響に加えて，変数間の遺伝的関係と環境的関係を推定することができます。単変量モデルでは，変数 A や B の分散を遺伝由来と環境由来に分解しましたが，多変量モデルでは変数 A と B の共分散を，遺伝由来と環境由来に分解することができます。環境由来の共分散は遺伝とは無関係なので，たとえば母親の養育態度と子どもの社会性の関係を調べるときには，母子の遺伝的関係を統制したうえでの，養育態度の（真の）影響を調べることができるようになります。

具体的な研究例として，たとえば山形ら（2006）は，「内在化問題」と「外在化問題（暴力・

[*72] $\alpha, \gamma, \varepsilon$ が非標準化推定値（a, c, e）の場合には，a^2, c^2, e^2 は観測変数の分散の内訳を表します。[7-⑪] 式も参照してください。

[*73] ただし，標本サイズが大きいときには検定力が高くなるため，小さな推定値であっても有意になることがあります。このとき，有意性検定の結果は，モデル比較結果と異なる場合もあります。

非行など）」がなぜ相関するのかをテーマとして，2変量モデルの分析を行っています（実際には，「エフォートフル・コントロール」も加えた3変数の分析を行い，「エフォートフル・コントロール」を低める遺伝要因が，外在化，内在化問題の相関を説明することを明らかにしました）。また，高橋ら（2007）は，BIS（行動抑制系）とBAS（行動賦活系）の関係を分析し，独立な遺伝要因がそれぞれに影響していることを明らかにしました。

本章で扱ったモデルは，観測変数が従属変数になっていましたが，複数の変数の背後に潜む因子を従属変数にすることも可能です。これは，因子に対する遺伝と環境の影響を調べることになります。知能や性格などは構成概念ですから，それを測定するための変数が複数あるときには，因子として扱うほうが自然です。パス図としては，四角で囲まれている観測変数を，丸で囲まれた因子に置き換えます。

観測変数を因子にすることには統計的なメリットがあります。それは，観測変数にかかわる誤差（特殊因子と測定誤差）を除外した因子に対して分析を行うので，非共有環境から測定誤差を除外することができることです。よりピュアな非共有環境の影響が求まるといえます。

そのほかにも，遺伝の影響が環境によって変化する現象をとらえるための，遺伝・環境交互作用モデルや，複数の従属変数に対して共通の遺伝要因・共有環境要因・非共有環境要因を仮定したモデルなど，さまざまなモデルがあります。これらについては，ニールとカールドン（1992）をご覧ください。

質問コーナー

本書で登場した遺伝の影響は，統計的には回帰分析の決定係数と同じようです。また，第1章では，決定係数と因子分析の共通性が同じような意味をもつと説明されていました。このあたりをまとめて説明してください。

これまで見てきた統計モデルについて，説明率（分散説明率）の視点からまとめてみます。表を見てください。各統計モデルは使用場面が異なりますが，説明率という考え方がすべてに登場します。そして，それらは各統計モデルにおいて極めて重要な位置を占めています。信頼性や遺伝の影響のように，説明率を求めることが目的となっているものもあります。

表　説明率から見た各分析モデルの比較

モデル	因子分析	(4-③) 式の信頼性	単回帰	重回帰	行動遺伝
説明要因	因子で説明できる割合	真値で説明できる割合	独立変数で説明できる割合	複数の独立変数で説明できる割合の合計	遺伝子で説明できる割合
呼称	共通性	信頼性	決定係数	決定係数	遺伝の影響

すべての統計モデルは，左辺を右辺で説明する形になっています。そのため，左辺を右辺の一部（因子，真値，独立変数，遺伝子）でどの程度説明できるのかを，数値で表すことができるのです。

【文献】

安藤寿康（2000）．心はどのように遺伝するか：双生児が語る新しい遺伝観．講談社

安藤寿康（2012）．遺伝子の不都合な真実：すべての能力は遺伝である．筑摩書房

Hewitt, J. K., Silberg, J. L., Neale, M. C., Eaves, L. J., & Erickson, M. (1992). The analysis of parental ratings of childrens's behavior using LISREL. *Behavior Genetics*, **22** (3), 293-317.

Muthén, B., Asparouhov, T. & Rebollo, I. (2006). Advances in behavioral genetics modeling using Mplus：Applications of factor mixture modeling to twin data. *Twin Research and Human Genetics*, **9**, 313-324.

Neale, M. C., & Cardon, L. R. (1992). *Methodology for genetic studies of twins and families*. Dordrecht：Kluwer.

Ozaki, K., Toyoda, H., Iwama, N., Kubo, S., & Ando, J. (2011). Using non-normal SEM to resolve the ACDE model in the classical twin design. *Behavior Genetics*, **41** (2), 329-339.

高橋雄介・山形伸二・木島伸彦・繁桝算男・大野裕・安藤寿康（2007）．Gray の気質モデル：BIS/BAS 尺度日本語版の作成と双生児法による行動遺伝学的検討．パーソナリティ研究, **15**, 276-289.

山形伸二・菅原ますみ・酒井厚・眞榮城和美・松浦素子・木島伸彦・菅原健介・詫摩武俊・天羽幸子（2006）．内在化・外在化問題行動はなぜ相関するか：相関関係の行動遺伝学的解析．パーソナリティ研究, **15**, 103-119.

Quiz

理解できたかチェックしてみよう！

問1：【要ソフトウェア】 表7-3は，8〜11歳の双生児ペア（男児・男児）より得られたデータから計算した共分散行列でしたが，ヒューイットら（1992, p.304）には，一卵性107ペア，二卵性94ペアの12〜16歳の双生児ペア（男児・男児）から得られた共分散行列も掲載されています。それが右表です。この共分散行列を分析し，「内在化問題」に対する遺伝と環境の影響が，年齢の上昇によってどのように変化するのか，あるいはしないのかについて述べてください。

表　卵性別の共分散行列（上三角は相関）

	一卵性T1	一卵性T2
一卵性T1	0.641	0.731
一卵性T2	0.471	0.648
	二卵性T1	二卵性T2
二卵性T1	0.744	0.576
二卵性T2	0.403	0.657

問2： たとえば表7-3では，4つの分散（一卵性ペアそれぞれの分散と，二卵性ペアそれぞれの分散）が，すべて異なる値になっています。これらの値に等値制約を課すことは，何を意味するでしょうか。母集団と標本の関係に注意しながら，117ページの脚注*71を参考にして答えてください。

問3： 問2の4つの分散の違いが顕著なとき適合度は悪くなりますが，なぜでしょうか。また，適合度を改善するためのモデル構築上の工夫として，どのようなものが考えられるでしょうか。

付録：各章の Quiz の解答

第 1 章：Answer

問 1. 要ソフトウェアにつき，解答は伴走サイト（http://www.rd.dnc.ac.jp/~shojima/psychometrics/）に掲載。
問 2. 要ソフトウェアにつき，解答は伴走サイトに掲載。
問 3. 逆転項目は，O2 と O5
問 4. 総合的学力因子など，文系因子と理系因子を統合した名前が適切である。英語・数学・国語の主要 3 教科に対する因子負荷量が大きくなると考えられる。
問 5. 社会＝0.4×文系因子＋誤差社。理科＝0.5×理系因子＋誤差社。社会の共通性は 0.16，独自性は 0.84。理科の共通性は 0.25，独自性は 0.75。

第 2 章：Answer

問 1. データから計算される共分散行列 S の重複のない要素の数は，5×6/2＝15 である。そして，このモデルの母数は，因子負荷量が 5 つ（因子の分散を推定するときは，因子負荷量が 4 つ，因子の分散が 1 つ）と，誤差分散が 5 つである。したがって，母数の数は 10 になり，自由度は 15−10＝5 になる。
問 2. 要ソフトウェアにつき，解答は伴走サイトに掲載。
問 3. [2-⑨] 式に当てはめることで，1.258×1/1.535 ≒ 0.820 となる。因子分析モデルの独立変数は因子であり，その分散は 1 であることに注意。
問 4. 年齢の単位が歳のとき：パス係数は 60mm，誤差分散は $12000-60^2 \times 3 = 1200$
年齢の単位が月のとき：パス係数は 5mm，誤差分散は $12000-5^2 \times 432 = 1200$

第 3 章：Answer

問 1. 要ソフトウェアにつき，解答は伴走サイトに掲載。
問 2. 各因子について，因子の分散を 1 に固定するか，因子負荷量のうちの 1 つを 1 に固定すれば識別できる。
問 3. AIC は標本サイズによらず，χ^2 値を 2 以上小さくする母数を重要と考えるが，BIC は χ^2 値を log（標本サイズ）以上小さくする母数を重要と考える。ここでは標本サイズが 301 なので，BIC は χ^2 値を 5.71 以上小さくする母数を重要と考えることになる。

第 4 章：Answer

問 1. 要ソフトウェアにつき，解答は伴走サイトに掲載。
問 2. −1×逆転項目の得点＋カテゴリ数＋1 として，正の方向に変換してから α 係数を求める必要がある。p.33 も参照のこと
問 3. ω 係数＝$(0.843+0.820+0.695+0.525)^2/((0.843+0.820+0.695+0.525)^2+(0.290+0.328+0.517+0.724))=0.817$

第 5 章：Answer

問 1. 要ソフトウェアにつき，解答は伴走サイトに掲載。
問 2. 抑うつ誤差の誤差分散は，1−決定係数なので，決定係数＝1−0.837＝0.163
問 3. 回帰係数（標準化）は相関と同じなので 0.334 になる。単回帰分析の回帰係数 0.334 は，「親 N.L.E. の値が 1 大きい人は，抑うつが平均的に 0.334 大きい」と解釈する。一方，パス係数 0.385 は，「学業 N.L.E. が同程度の人どうしで比べると，親 N.L.E. の値が 1 大きい人は，抑うつが平均的に 0.385 大きい」と解釈する。

第 6 章：Answer

問 1-1. 2つの因子はともに外生的な因子なので，因子の分散を 1 に固定するか，因子負荷量のうちの 1 つを 1 に固定して識別する。各因子を測定する観測変数は 2 つしかないが，因子負荷量に等値制約を課す必要はない。理由については 2.1.1 項の最終段落を参照。

問 1-2. 要ソフトウェアにつき，解答は伴走サイトに掲載。

問 2. 性別を考慮した 2 母集団分析を行い，因子「友人 N.L.E.」にかかわる因子負荷量に，男女で等値制約を置いたときと，置かないときで，適合度指標を比較する。

第 7 章：Answer

問 1. 要ソフトウェアにつき，解答は伴走サイトに掲載。

問 2. 表 7-3 の値は標本分散であり，これらは 1 卵性ペアそれぞれと，2 卵性ペアそれぞれで異なっている。等値制約は標本分散ではなく，母分散に対して課す。この場合は，4 つのケースで，母集団では分散が等しいという仮定を意味する。この等値制約を課しても適合度が良いときには，表 7-3 に見られる程度の標本分散の違いは，母集団で分散が等しい場合でも起こるようなものであるといえる。

問 3. 行動遺伝モデルでは，実際には 4 本の［7-⑪］式と，1 本の［7-⑫］式と，1 本の［7-⑬］式の，合計 6 本の方程式を同時に解くことになる。［7-⑪］式が 4 本あるのは，標本分散は 1 卵性ペアそれぞれと，2 卵性ペアそれぞれについて求まるからである。4 本の［7-⑪］式の右辺は $a^2+c^2+e^2$ で同じである。しかし，左辺の標本分散が大きく違っていると，a，c，e にどのような値を当てはめても 4 本の［7-⑪］式の当てはまりが悪くなってしまう。これが，適合度が悪くなる理由である。

　分散が異なる理由をモデルに組み込めば，適合度を改善することができる。たとえば，T1 が第 1 子，T2 が第 2 子になっており，第 1 子の分散が大きいとする。このとき，「第 1 子としてのしつけを行った程度の違いが，第 1 子の観測変数の個人差＝分散を大きくする」という仮説を考えたとする。この仮説をモデルとして表すためには，まず「第 1 子としてのしつけを行った程度」を観測変数 X として用意する。そして，従属変数に対して，遺伝因子・共有環境因子・非共有環境因子に加えて，観測変数 X が影響を与えるモデルを立てる。

索　引

ア　行

アイゼンク（Eysenck, H. J.）　2, 55
一般知能（g）　42
遺伝環境相関　112
遺伝と環境の影響　106, 113
因子　7
　　外生的な——　49, 50
　　内生的な——　49
因子間相関　8
因子軸の回転　43
因子得点　9, 37, 38
因子負荷量　8, 32, 34
因子分析　5, 12, 73
　　——と回帰分析の異同　12
　　知能と——　42
因子分析モデル　12
上三角要素　67

カ　行

回帰係数　9
回帰法　38
外生変数　49, 86
確認的因子分析　1, 5, 6, 32, 54
　　——の識別　54
　　——の適合度　54
　　1因子の——　13
　　1因子2変数の——　19
　　1因子4変数の——　21, 25, 34
　　2因子4変数の——　24
　　誤差間共分散を加えた——　28
　　多因子の——　31
間接効果　86
観測対象の単位　108
観測変数　5, 91
　　——どうしの相関係数　61
希薄化　39
　　——の修正　92, 93
逆転項目　4, 32, 33, 53
キャッテル（Cattell, R. B.）　43
共通性　8
共分散（相関係数）　14, 109
　　——の数　21

　

共分散行列　14, 15, 19, 21, 78, 117
共分散構造　14, 15, 20, 26, 79, 95
共有環境　110, 113
クレッチマーの気質類型　1
決定係数　9, 10, 80
　　——が高いモデル　103
　　——の分解　97
決定係数 R^2　79
倹約的指標　30
合計得点　38
高次因子　45
高次因子分析　32, 43, 55
構成概念　4, 7
　　——と因子分析　5
行動遺伝学　106
誤差　7
　　——の除外　91
誤差間共分散の意味　29
誤差変数　7
個人差　107
固定母数　116

サ　行

最小2乗法　22, 24, 79
最尤法　24
残差の利用　28
残差行列　25, 26
　　4変数間の——　26, 27
散布図　39
ジェンダー・アイデンティティ尺度　71, 72
識別　20, 52
　　——の方法　48
下三角要素　67
指標（絶対的な）　27
指標（相対的な）　26
重回帰分析　11, 12, 80
重回帰モデル　6, 82, 88
　　——のパス図　80
　　因子間の——　93, 94
修正指標　29
収束　23
従属変数　2, 6

自由度　20, 50
証拠　69
　　一般化可能性の側面の——　69
　　外的側面の——　70
　　結果的側面の——　70
　　構造的側面の——　69
　　内的側面の——　69
　　本質的側面の——　69
初期値の設定　23
シンプソンのパラドックス　73
信頼性　58, 59, 62
　　——どうしの相関係数　61
　　——の定義　60
　　再検査——　62
　　折半——　63
　　平行検査——　63
推定　13
推定値　17, 84, 85
　　——の不適切さの程度　23
スクリーニング尺度　16
スピアマン（Spearman, C. E.）　42
制約　52
切片　79
説明率　9
　　——から見た分析モデルの比較　119
潜在変数　5, 7
相加的遺伝　113
相関　4, 94
相関行列　4, 14, 78
相関係数　38, 109
総合効果　86
双生児データ　108
　　——の扱い方　109
測定誤差　7
測定値　59, 61
　　——の分散　60, 108

タ　行

タウ等価測定　62
妥当性　58, 67
　　——の概念　68
　　——の考え方　70
　　——の検証　71
　　基準関連——　68
　　構成概念——　68
　　収束的——　70
　　内容的——　68
　　表面的——　71
　　併存的——　68
　　弁別的——　70
　　予測的——　68
多特性多方法行列　70
多母集団分析　99, 100, 106
　　——のパス図　101
　　——のモデル比較　101
単回帰分析　9, 12, 78
単回帰モデル　6, 79, 82
　　——のパス図　78
探索的因子分析　5
単変量モデル　112
　　——のパス図　115
　　——の比較　117
　　——の SEM による分析　114, 117
　　——の目的　112
調整変数　99
　　——のイメージ　100
直接効果　86
　　——の解釈　86
適合度　12, 25, 50, 95, 101
　　——が良いモデル　103
　　——による判断　92
　　多因子モデルの——　32
　　2つのモデルの——　26, 46, 51, 54
適合度指標　26
テスト理論　59
統計モデル　12, 13
等値制約　52, 100, 101
同値モデル　88
独自性　8, 9
特殊因子　7
特殊知能（s）　42
特性論　1
独立変数　2, 6

ナ　行

内在化問題　117
内生変数　49, 86
内的整合性　64
　　——の指標　65

ハ　行

パーソナリティ変数　2
パス　6
パス解析モデル　96
　　3変数の——　85, 88
　　因子間の——　91, 96
パス係数　9, 34, 35, 36
　　——の大きさの原因　36

──の解釈　81, 98
──の単位変換による変化　35
パス図　5, 96
──の表す意味　86
罰則　47
非共有環境　111, 113
非相加的遺伝　113
ビッグファイブ　3
──の項目内容　3
──理論　2
非標準化推定値　34, 37
非標準化パス係数　37
標準化推定値　8, 37, 45
標準化パス係数　34, 36
標準誤差　82, 84, 85
──の考え方　82, 83
標本抽出　82
分散　108
──の数　21
平行測定　62
偏回帰係数　10
変数の単位とパス係数　35
飽和モデル　21, 79
母集団と標本　83
母数　13, 14
──の推定と共分散　80
母数推定　16, 19, 79

マ　行

メンデルの法則　113
モデル改善　28
モデル比較　89

ヤ　行

有意性検定　84
ユングのタイプ論　1

ラ　行

リストワイズ削除　101
類型論　1
──と因子分析　39
連立方程式と統計モデルの関係　24

連立方程式の本数　21

数　字

1に固定する　13
──の意味　48
因子の分散を──　48
因子負荷量を──　48
1次因子　45
──が2つの場合　52
──が3つの場合　51
──が4つの場合　46
2因子モデル（4変数の）　95
2次因子　45
2次因子分析モデル　45, 54
──の識別　54
──の適合度　46, 54
2つの因子で説明できる割合　11
3因子モデル　2, 50, 55
4因子モデル　43
5因子性格検査 FFPQ　27
7因子モデル（クロニンジャーの）　2
16PF　43

アルファベット＆ギリシャ文字

AIC　26, 47
──の考え方　31
bfi（Big Five Inventory）　3
BIC　47
CFI　27
NEO-PI-R　3, 27
P値　26, 85
RMSEA　27
S　15
SEM　16, 23
──による分析　114, 117
SRMR　27
think aloud プロトコル　69
α係数　64, 65, 67
Σ　15
χ^2検定　26, 46
χ^2値　26
ω係数　65, 66, 67

著者紹介

荘島宏二郎（しょうじま　こうじろう）

【シリーズ編者・第2著者：写真左】
1976年生まれ。
早稲田大学大学院文学研究科博士課程単位取得退学。現在，大学入試センター研究開発部准教授，博士（工学）
専門：心理統計学，多変量解析，教育工学
主著書：『学力：いま，そしてこれから』（共著）ミネルヴァ書房 2006年，『学習評価の新潮流』（共著）朝倉書店 2010年

読者の皆さんへ：

「性格は固くなく不変でなく，活動し変化し，肉体と同じく病気になる」。イギリス人作家ジョージ・エリオットの格言を待つまでもなく，パーソナリティってわりと変わっていきます。僕も結婚してだいぶ変わったようです。大学院の頃，同期の女子からミスター・ダンソン（男尊）なんて言われていましたが，最近では，世の中，女性のほうが偉いんだなって思うようになりました。さらに，娘が生まれて，夫婦別姓制度を全力で推すようになりました。娘がかわいすぎて萌え死ぬ。あ，勉強がんばってください。

尾崎幸謙（おざき　こうけん）

【第1著者：写真右】
1977年生まれ。
早稲田大学大学院文学研究科博士課程修了。現在，筑波大学大学院ビジネス科学研究科准教授，博士（文学）
専門：統計科学
主分担著書：『共分散構造分析：構造方程式モデリング［疑問編］』朝倉書店 2003年，『数理統計学入門』朝倉書店 2006年，『共分散構造分析：構造方程式モデリング［AMOS編］』東京図書 2007年，『統計学のための線形代数』朝倉書店 2011年，『縦断データの分析 1：変化についてのマルチレベルモデリング』（分担翻訳）朝倉書店 2012年，『共分散構造分析：構造方程式モデリング［数理編］』朝倉書店 2012年

読者の皆さんへ：

修士課程のころ，周囲の研究室の修士論文のデータ分析を相当数引き受けていました。知らない分析方法については引き受けてから勉強しました。結果を残さざるを得ない状況を作り，プレッシャーによって知識や技術を伸ばす方法もあると思います。

心理学のための統計学 6

パーソナリティ心理学のための統計学
――構造方程式モデリング

2014年9月10日　第1刷発行
2022年1月25日　第3刷発行

<table>
<tr><td>著　者</td><td>尾　崎　幸　謙</td></tr>
<tr><td></td><td>荘　島　宏二郎</td></tr>
<tr><td>発行者</td><td>柴　田　敏　樹</td></tr>
<tr><td>印刷者</td><td>日　岐　浩　和</td></tr>
<tr><td>発行所</td><td>株式会社 誠信書房</td></tr>
</table>

〒112-0012　東京都文京区大塚 3-20-6
電話　03(3946)5666
http://www.seishinshobo.co.jp/

ⓒ Koken Ozaki, Kojiro Shojima, 2014
印刷所／中央印刷　製本所／協栄製本
検印省略　落丁・乱丁本はお取り替えいたします
ISBN978-4-414-30192-2 C3311　Printed in Japan

JCOPY <(社)出版者著作権管理機構　委託出版物>
本書の無断複写は著作権法上での例外を除き禁じられています。
複写される場合は，そのつど事前に，(社)出版者著作権管理機構
(電話 03-5244-5088, FAX 03-5244-5089, e-mail：info@jcopy.or.jp)
の許諾を得てください。

誠信 心理学辞典［新版］

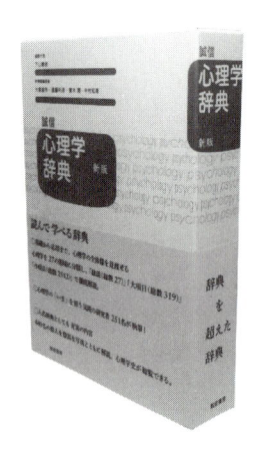

■ 字句を独立して定義せず，その語句が心理学の該当領域のなかで果たす役割を中心に解説した画期的な「読む心理学辞典」ついに刊行！

感情・統計・組織・知覚などの主要な27領域を網羅し，複雑な進化を続ける心理学の世界を見渡すことが可能。また人名篇では心理学の世界の偉人440名の足跡と業績を解説。過去から未来へと続く，科学としての心理学が鮮明に浮かびあがる。

心理学の27領域を網羅。各種試験にも対応！

① 原理・歴史　⑧ 社会　⑮ 統計　㉒ 非行
② 研究法　⑨ 感情　⑯ 測定・評価　㉓ 進化
③ 学習　⑩ 性格　⑰ 産業　㉔ 遺伝
④ 認知　⑪ 臨床　⑱ 組織　㉕ 環境
⑤ 知覚　⑫ 障害　⑲ 健康　㉖ 文化
⑥ 発達　⑬ 神経　⑳ 福祉　㉗ 行動経済
⑦ 教育　⑭ 生理　㉑ 犯罪・司法

編集代表
　下山晴彦　東京大学大学院教育学研究科教授

幹事編集委員
　大塚雄作　大学入試センター試験・研究副統括官
　遠藤利彦　東京大学大学院教育学研究科教授
　齋木　潤　京都大学大学院人間・環境学研究科教授
　中村知靖　九州大学大学院人間環境学研究院教授

B 6判函入　1104頁
本　体　5800円＋税

心理学叢書

日本心理学会が贈る、面白くてためになる心理学書シリーズ

●各巻 A5判並製　●随時刊行予定

医療の質・安全を支える心理学
人間の認知から考えるマーケティング
原田悦子 編

医療安全の問題について認知心理学の視点から迫る第Ⅰ部と、医療に関わる健康・死・ケアといった概念に関する心理学的研究を紹介する第Ⅱ部から構成している。よりよい医療を目指し、さまざまな方法で研究された成果と今後の展開がまとめられている。これからの医療のあり方を考えるための必読の書である。

定価(本体1900円+税)　ISBN978-4-414-31126-6

認知症に心理学ができること
医療とケアを向上させるために
岩原昭彦・松井三枝・平井 啓 編

超高齢社会となり、認知症の人が増加するなか、心理学や心理職が認知症を取り巻く課題にどのように向き合い、そしてどのように貢献していけばよいのかについて論じる。診断・医療、支援・ケア、保健・医療という3つの部で構成し、多様なテーマから認知症の姿に迫っていく。共生と予防に向けた新たな視点を得るのに好適である。

定価(本体1900円+税)　ISBN978-4-414-31125-9

思いやりはどこから来るの？
——利他性の心理と行動
髙木 修・竹村和久 編　　定価(本体2000円+税)

なつかしさの心理学
——思い出と感情
楠見 孝 編　　定価(本体1700円+税)

無縁社会のゆくえ
——人々の絆はなぜなくなるの？
髙木 修・竹村和久 編　　定価(本体2000円+税)

本当のかしこさとは何か
——感情知性(EI)を育む心理学
箱田裕司・遠藤利彦 編　　定価(本体2000円+税)

高校生のための心理学講座
——こころの不思議を解き明かそう
内田伸子・板倉昭二 編　　定価(本体1700円+税)

地域と職場で支える被災地支援
——心理学にできること
安藤清志・松井 豊 編　　定価(本体1700円+税)

震災後の親子を支える
——家族の心を守るために
安藤清志・松井 豊 編　　定価(本体1700円+税)

超高齢社会を生きる
——老いに寄り添う心理学
長田久雄・箱田裕司 編　　定価(本体1900円+税)

心理学の神話をめぐって
——信じる心と見抜く心
邑本俊亮・池田まさみ 編　　定価(本体1800円+税)

病気のひとのこころ
——医療のなかでの心理学
松井三枝・井村 修 編　　定価(本体1800円+税)

心理学って何だろうか？
——四千人の調査から見える期待と現実
楠見 孝 編　　定価(本体2000円+税)

紛争と和解を考える
——集団の心理と行動
大渕憲一 編　　定価(本体2400円+税)

アニメーションの心理学
横田正夫 編　　定価(本体2400円+税)

消費者の心理をさぐる
——人間の認知から考えるマーケティング
米田英嗣・和田裕一 編　　定価(本体1900円+税)

心理学のための統計学シリーズ

荘島宏二郎編

■ 統計の基礎から応用までをおさえた，全9巻シリーズついに登場！
■ 個別の心理学分野に合わせ，優先度の高い統計手法を取り上げて解説。
■ 本文は，視覚的にもわかりやすい2色刷り。
■ 各巻の各章は，90分の講義で説明できる内容にて構成。文系の学生を意識し，数式の多用を極力抑え，豊富な図表でわかりやすく説明した，心理学を学ぶ人に必須の統計テキストシリーズ。

各巻 B5 判約 140-160 頁

1 心理学のための統計学入門：ココロのデータ分析（川端一光・荘島宏二郎著）2100 円

2 実験心理学のための統計学：t 検定と分散分析（橋本貴充・荘島宏二郎著）2600 円

3 社会心理学のための統計学：心理尺度の構成と分析（清水裕士・荘島宏二郎著）2800 円

4 教育心理学のための統計学：テストでココロをはかる（熊谷龍一・荘島宏二郎著）2600 円

5 臨床心理学のための統計学：心理臨床のデータ分析（佐藤寛・荘島宏二郎著）

6 パーソナリティ心理学のための統計学：構造方程式モデリング（尾崎幸謙・荘島宏二郎著）2600 円

7 発達心理学のための統計学：縦断データの分析（宇佐美慧・荘島宏二郎著）2600 円

8 消費者心理学のための統計学：市場調査と新商品開発（齋藤朗宏・荘島宏二郎著）

9 犯罪心理学のための統計学：犯人のココロをさぐる（松田いづみ・荘島宏二郎著）2600 円

価格は税別